大展好書 好書大展

大展好書 好書大展

社會人智囊

3

觀人術

淺野八郎 著
陳永寬 譯

大展出版社有限公司

序

這是無法了解人類的時代。說什麼「新人類」「外星人」，用以往的常識簡直無法理解的新人類已經誕生。現在日本全國人口半數以上，已為戰後出生的後輩所占據。雖然說著相同的語言，但卻無法彼此溝通。新時代已經來臨，在這新時代中，不僅需要以語言來了解對方，也必須藉著日常的小動作、外觀、表情等來探知對方的內心。因為有時雖然口說No，但其實本意是Yes，常有口是心非的景況。

美國最近出版了一本「讀顏術」（face－reading），造成了很大的震撼。由此可見，觀人的新技術，不僅是日本，歐美也相當關心。這裡介紹一〇一種觀人的招數，讓你擁有智慧來探究人心，是這本書最大的目的。

著者

目　錄

1 以性格、表情觀人

2 以身體形狀觀其性格

3 從出生至養育，可判斷性格

4 日常活動所表現的性格

5 場所的選擇方法，所表露出的性格

6 食物的嗜好所表現出的性格

7 以時裝的偏好判斷性格

8 檢查男性（Man checking）看出潛在心理

1

以性格、表情觀人

1 以臉的方向觀人

和初次見面的人相對說話時，看對方的表情，可以掌握其人品，這是相當具有參考性的。有的人以右臉示人，有的人以左臉相向，有的人正面相對；有的人臉稍向下，有的人臉向上，林林總總，不勝枚舉。

這些表情，與其人的性格、職業、社會地位有著極深遠的關係。美國的心理學家，從活躍於十九世紀到二十世紀的畫家之畫像，調查其臉的方向，根據報告，以描繪左向的臉（露出左臉的人）的畫家最多，只有梵谷，具異常氣質的畫家才畫右臉。

日本的政治家、財界人士，多半是以正臉示人。露出左臉的照片約占七三％，而海報上也泰半以左臉示人。相反的，露出右臉的人是個性強，與衆不同的人，並表露出普通人不具備的能力和行動力。

又針對正面照片做了仔細的調查，有的下巴往下拉，有的則向上。越有自信，自我意識越强的人，下巴會在不知不覺中往上揚，因此露右臉又下巴往上揚的人，是自尊心强的精華型人物，並且對自己的經濟能力、社會地位非常自傲。

一般說來，以左臉示人，而且下巴稍稍向下的人，性格較溫和，對他人具有體貼心與同情心，謙虛、容易溝通。而以左臉示人，但下巴稍往上抬的人，是想將自己的優點，强烈的表達給對方。是表面看來非常懂事，但遇事則退縮的典型，如果是商場人士，較難以應付棘手之事。

相反的，露出右臉但下巴稍稍向下的人，精神上容易陷入低潮，經常呈現不安的狀態，人際關係僵硬，想强迫周圍的人接受他的情緒，爲貫徹自己的主張而焦慮。而露出右臉，下巴往上抬的人，是獨裁型，有强烈的自我主張，工作起勁，身體狀況佳，周圍的人對他信賴度高，容易將自己當時的心態反映出來。

德國希特勒的照片大部分露出右臉，但泰半下巴稍稍往下，在性格上看得出是相當的神經質。而美國總統甘迺迪則下巴上揚的照片多，至於古巴的卡斯楚則和希特勒類似。

演藝人員和電視明星常以右臉示人。但讓人有好印象的則是露出左臉的人，而屬指導性工作的人喜歡露出右臉，下巴稍往上抬的人，講話較有說服力。

2 手的表情與性格的關係

對初見面的人，想馬上看穿對方的性格，想必相當困難吧！尤其對於初見面，就必須對其人品做某種程度判斷的飯店經理、警衛、保鑣等職業，必須從對方的外表來評斷其信用和經濟狀態者，更是倍覺辛苦。

這是我從伊豆一家新婚旅館的經理處聽來的常識，他們從新婚夫婦隨身攜帶的行李，是

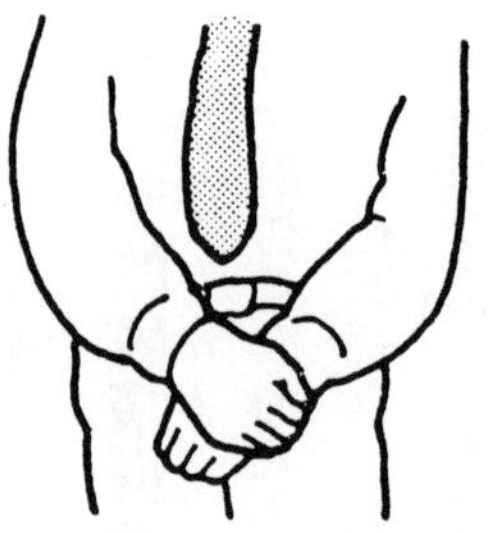

Ⓑ

Ⓐ

一件或是二件來加以區別和對應。

攜帶兩件行李的新婚夫婦，就帶領到離「櫃台」較遠，較僻靜的地方，注意讓他們不受干擾。而帶一件行李的新婚夫婦則安置在比較熱鬧的房間，並做種種招待。

蜜月旅行攜帶兩件行李的客人，一般說來是「相親型」的比較多，而帶著一件行李的夫婦，以婚前已交往一段時日的「戀愛型」居多。

這是根據職業的經驗，對於初次見面之人物的鑑別法。

至於與人對應時，看對方手的表情，也是饒有趣味。

我們若雙手交叉時，對方也會不知不覺跟著雙手交叉。而雙手交叉，又有種種的個別差異。

譬如手指交叉時，我們可觀察對方的拇指。

有人把拇指往上伸出，讓人們看到。而有人把拇指隱藏起來（無意識中）。

一般說來，把自己的拇指往上伸出，清楚示人的人，是自我意識强，並具頑固性格的人，自我表現慾强，容易對一切做自我主張。

這種人在說話時，拇指常會伸直，肢體動作多。在說話時，不讓對方看到拇指的人，多是屬於內向和神經質者，個性萎縮，是連自己的意見都不清楚的人。

這兩種類型的人，走路型態、動作也有些不同。以圖Ⓐ到圖Ⓑ的拇指來做個比較。圖Ⓐ的拇指露在外面，稍稍往上。圖Ⓑ拇指彎曲，通常藏在內側。

充滿自信和行動力的人，拇指比較有力量。抽煙時常把拇指伸直貼在下巴，動作也多。

3 伸手的方法

請各位將手伸直到面前，試著觀察五根手指呈現什麼形狀。手伸出的方法因人而異，有人伸出的手指是彎曲的；有人直直地伸出手指；也有人的小指與其他四指分開……現在我們一邊看圖，一邊伸出手來比較看看。

Ⓐ **手指全部打開的人**……五根手指全部打開伸出者，是樂天派，具有爽朗性格的人，討厭被人束縛，行動乾淨俐落，喜怒哀樂表現無遺。

Ⓐ

Ⓑ

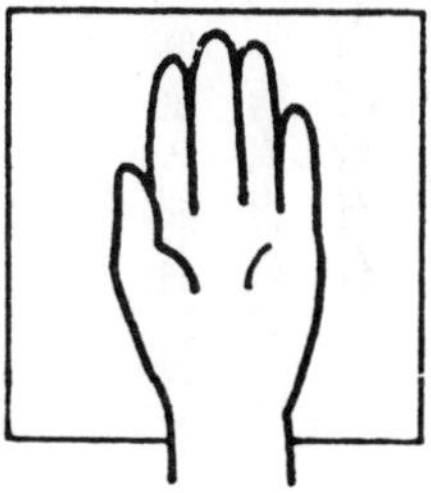

Ⓒ

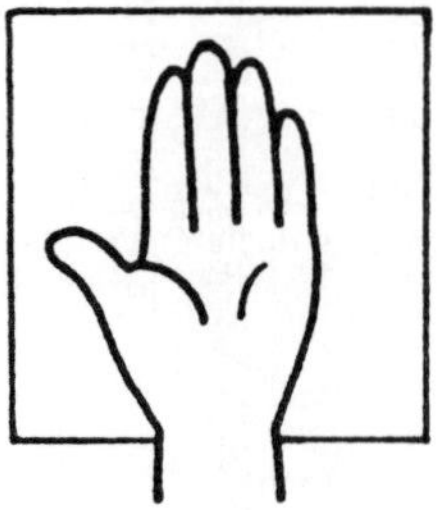

Ⓓ

Ⓔ

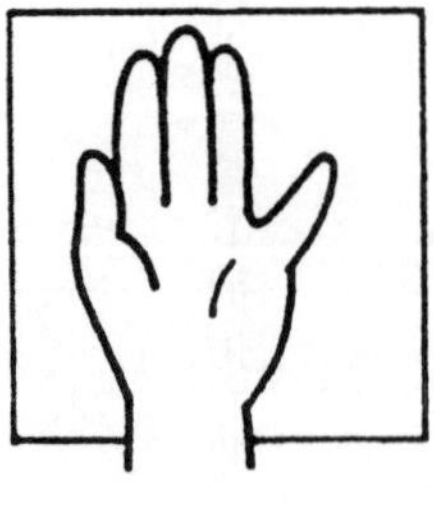

Ⓑ手指全部併攏的人……把五根手指併攏伸出者，有心機、心思細密、做事謹慎，不論什麼事，深謀遠慮才會行動，是壓抑感情的類型。

Ⓒ只攤開拇指的人……意志堅强，自我意識亦强，不願遭人擺布，性格頑固，充滿了慾望。

Ⓓ手指彎曲的人……意志薄弱，容易疲勞。但對他人充滿溫柔體貼之心，謹守「受人之託，忠人之事的原則」。

Ⓔ小指與其他四指分開……好惡分明，雖具創意與美感，但容易動怒，心情亦容易焦慮和暴躁。

4 從握手方法可以了解人心

握手之禮已逐漸流行並且增加，而握手有種種方法和習慣。

Ⓐ 強而有力的握手

這種類型的握手包含兩種意義。有意識的用力握手，是本身處於弱，而對方是强而有力，非常可靠的人物，採用這種握手方式，是想給予對方深刻的印象。

另外一種，很自然做出這種握手，通常是樸素、親切的人，不會裝飾自己，在遇到危險或困境時，也不會失去幹勁，是認真負責的典型。再者，對方用力握，自己也用力回握，即能傳達親密感。

(B) **緊緊握住，並持續數分鐘不放**

多發生在男女之間。這是當中的一方感性的訴求，不知不覺中，情不自禁想要擁抱，而緊緊的長時間握手。不過，以女性爲對象的「男性鑑別法」一書，就提出警告：「握手延續三分鐘以上的男性值得注意。」

(C) **兩手交握——先用右手握住、左手再輕輕從上面貼住**

當上司與屬下握手，或是長輩對晚輩握手時，這種父親型的握手方式，可提高對方之信賴度。不過，值得注意的是，如果是晚輩或是同輩，以這種握手方式並不適合，只會徒增對方不安而已。

(D) **用手指輕輕握**

以手指與人輕輕握者，不是有潔癖的人，就是不喜歡表露出自己心情的人，具有相當强的警戒心。

(E) **以手臂深深交握**

這是深具體貼對方之意。這種握手方式，越靠近對方的手臂，越能傳達和對方的親密度。親密度和交握深度成正比。

5 看握拳時拇指的位置

手自然握住做握拳狀。那時你的拇指安置何處，你曾注意嗎？

Ⓐ 拇指放在掌內的人

是具有自我控制力的人，對自己想要的東西，不輕易表露，沉者不易動怒，就算有人找你打架，也絕不會先出手的內斂型人物。

Ⓑ 拇指在外側的人

拇指在手掌外側，但並不固定何處，握拳時，將拇指放在食指邊的人，有行動力，想做的事，必定貫徹到底，打架時會衝動，但具有責任感。

Ⓒ 拇指放在中指上的人

不認輸的個性，很能幹，但往往只有三分鐘熱度，做事容易半途而廢，沒有耐心，對事物非常好奇、關心。

Ⓐ

Ⓑ

Ⓒ

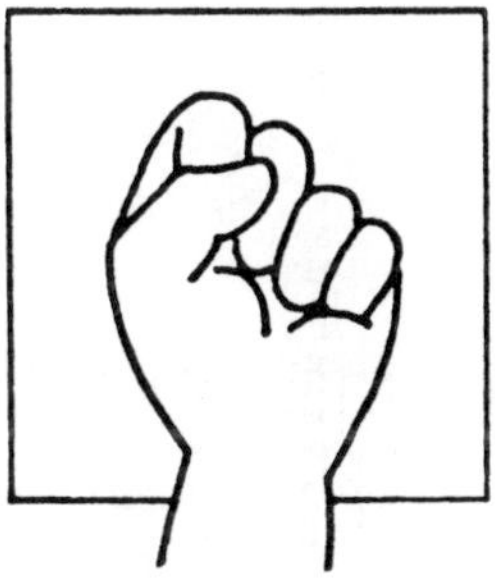

6 椅子的坐法可判斷心理狀態

「從坐椅子時的肢體動作，可以看出其性格，和現在的心理狀態」，這是法國心理學家貝爾歇的理論，他認爲焦慮的人和安定的人坐椅子方式有所不同。

(A) 在椅子前方淺坐的人

輕輕的坐在椅子前方，不把背靠在椅背上的人，表示心裡著急，或對眼前的對方有所顧忌。是與長輩相處，或對對方懷有戒心時常有的坐姿。而經常採取淺坐的人，非常神經質而怕寂寞，心情容易焦慮，不能穩定。常爲了細微的小事而過分費神，並且蒙受損失。

(B) 深深穩坐的人

靠著椅背深深穩坐的人，充滿自信，動作靈敏。能夠貫徹自己的主張，韌性亦强。而深深穩坐又雙手交叉的人，特別頑固，有不讓對方接近之意，對對方的警戒心越强，椅子坐得越深。

(C) 兩腳攤開的人

男性多採這種坐法，尤其是肥胖的人居多。有社交性，容易與人親近，喜歡照顧人。吃則是他最大的享樂。有人想託，絶不推諉的好好先生典型。

(D) 兩腳交叉而坐的人

坐上椅子馬上兩腳交叉的人，自我表現慾强，屬能幹型的人物，討厭輸給他人，若自己不被肯定，則顯焦慮。這種類型的人，泰半抽雪茄或煙斗，期盼引人注目。

(E) **兩手放膝蓋而坐的人**

這種坐法的人，若仔細注意其兩手放的位置，會發現很有趣的現象。把手放在膝蓋頭附近的人，怕寂寞，對愛情慾求很强，是屬浪漫人物，具有獨創力。

(F) **坐姿常改變的人**

不是非常疲勞，就是心不在焉。代表了思緒紛雜，心情不穩定時的肢體動作，無法靜靜聽訴對方說話。

(G) **坐時將兩腳往前伸直的人**

坐時把兩腳往前伸直的人，不是對對方漠不關心，就是以鬆弛的心情來接待對方。屬於不喜歡受束縛的類型。

7 看女性雙足交叉的方式，來改變說服方式

想與哪種類型的女性交往?不妨多觀察女性，找出一個適合你的人。

(A) **雙腳交叉，左腳在上的女性**

採取這種坐法的女性，多半想要追求轟轟烈烈的戀愛。做事積極，以自我爲本位。喜歡

夜晚的氣氛，想邀請她時，高級飯店與餐廳較合適，認識不久即可能有肌膚之親，只是一旦發生肌膚之親後，想要分手會相當棘手。

(B) 雙腳交叉，右腳在上的女性

是屬於內向而理性的女性。自己不會積極與男性交往。喜愛講大道理，與其爭辯會得不償失，最好能配合她的想法。討厭愛打扮的男性，認爲脂粉氣過重，沒有男性氣概。對這種類型的女性，必須有責任心，才能得到她的信任。

(C) 膝蓋緊貼而坐的女性

兩腳緊緊貼住，是自我抑制力很强的女性，想要彼此親近，必須花點時間。縱然喜歡對方也不會坦然表白，和這種女性交往希望有所結果，必須先突破對方的心防，得到她的信賴。培養相同的興趣，聆聽她的心聲，以誠懇的態度，方能精誠所至，金石爲開。

(D) 腳尖攤開而坐的女性

是好惡分明的女性，對於男性有强烈控制慾，對於比自己年紀小的男性具有吸引力。任何事都要平起平坐。對自己欣賞的男性，會馬上行動，主動提議一些活動或社會服務工作，讓雙方更進一步交往。

(E) 兩腳同向左或同右彎曲的女性

這是模特兒或演藝人員之坐姿，與其交往以不傷其自尊心爲不二法門。誇讚她的美麗，將她奉爲貴婦人般也是要領之一。又對她身上的佩飾予以讚美，贈送禮物的作戰方式亦具效果。

(F) 雙腳交叉而坐的女性

是可透過運動、休閒活動、打保齡球等方式認識之女性，與之寒暄會很快得到回應。這種類型的女性不但動作多，也期待男性的誘惑，但對性愛卻又持拒絕之態度。

(G) 腳踝交叉而坐的女性

這種女性擁有少女一般的純真。比較喜歡年長的男性。因爲追求柏拉圖式的愛情，對過於猛烈的攻勢甚爲排斥，對激烈型的男性警戒心很強。以電話邀約最爲理想，若以溫柔的態度相待，就能得到芳心。

8 以講話的姿態看其性格

〈和男性交談的女性之笑法〉

(A) 不掩嘴笑的人

不會介意細微末節。就算被心愛的人拋棄，亦能堅强的立刻站起來。

(B) 掩嘴笑的人

不喜歡坦誠把內心表露出來的人。能夠獨自承受孤獨寂寞，卻又過分在意他人之眼光。

(C) 以手背掩嘴笑的人

諂媚的向對方呼喚「與我親密吧！」的女性，對異性關心度强。

(D) 臉向下笑的人

在愛情方面表現笨拙之純情型。雖然與異性交往經驗少，但一旦與人交往，則要求其專心與認真。

(E) 身體或左或右搖幌的人

喜歡異性的情愛，但卻被動。强烈的希望對方以强而有力的感情來保護和支撐自己。

〈說話時的小動作〉

(A) 不停抖腿的人

內心的焦慮牽動著肢體，急切的想解除焦慮和緊張。

(B) 胡亂點頭的人

協調性好，但稍顯急躁並缺少思慮。無論那種對手都能順利配合。

(C) 摸頭髮的人

做事認真，討厭浮華之事。慎重而按部就班。但因容易輕信他人而遭受損失。

(D) 邊舐嘴邊說話的人

習慣舐嘴的人，希望予以對方良好的印象。如果不是習慣性而舐嘴的人，是試圖隱藏自我的人。

(E) **用力咬指甲的人**

對母親的信賴很强烈，而且頗有自主性，但對愛情可能稍顯飢渴。

(F) **下唇突出的人**

充滿自信之自戀典型。對任何熱鬧都喜歡參與的行動派者，在團體中是屬領導型人物。

(G) **說話語尾模糊的人**

對自己沒有信心，害怕將自己的心意傳達給對方。

(H) **擠眉弄眼的人**

對他人警戒心强。不願與人溝通，對事物多持悲觀的想法。

9 不須語言表達的性愛程度判斷

你有否在大街上，或餐廳中向女性搭訕的經驗?也許遭嚴厲拒絕，也許被欣然接受。這裡有一種女性攻略法，也就是在女性之性慾高時，採取進攻的方式。這種女性攻略法，必須了解女性的小動作和表情的意味。如果能夠精通這種策略，追求女性的機會自然增加。

若以男性和女性來比較，會將自己內心的感情，直接表現在態度上的，泰半是女性。尤其是年輕的女性，站在自己喜歡的男性面前，和站在毫無愛意的男性面前，其小動作就有極端的差異。

想要窺探女性對性愛的關心度，觀察女性一些無意識之小動作，多少可以有一些幫助和了解。她們有時候會在一個細微的小動作裡，包含著想把其對性的慾求，傳達給你的願望與心情。

開始注意人類這種小動作的是以『種的起源』聞名的查爾斯達爾文。他以觀察人類和動物的表情，來研究感情表露的方法。從此以後精神科醫生、心理學家就把重點放在人類的行動，和內心所反應之動作的相互關連上。

不久之後，這個研究在美國被命名爲「肢體語言」（body language），而其成果亦被接二連三的發表。

在這研究的一環中，英國心理學家愛辛爾格在他的『性與性格』一書中提到，從人的性格與其行動類型，可以明白指出其對性的關心度，並對這些小動作做了詳細的解明。

另有多位學者指出，人類內心深處對性愛的感情，藉由無意識的動作，不斷的出現。一般女性常見的動作、表情可分爲六個項目，其中到底隱藏了什麼樣的慾望，在這裡加以解說一番。

那麼，左列的六項動作中，到底那幾個與性有關係，讓我們來選選看。

其實，不管那個習慣，都與性愛有些關連。

① 不斷換腳交叉

這是慾求不滿時經常出現的動作。心情焦慮、寂寞難耐的年輕女性比較多。坐在椅子上，卻不斷的移動臀部的位置，在相學上，是強烈的感到慾求不滿的類型。

② 立刻撫摸頭髮

輕輕的撫摸頭髮，與抓頭髮的意味有顯著的不同。前者是想將心中慾求不滿的情緒，以溫柔和關懷的方式來表白。而後者是對某事感到後悔，或有性虐待與被虐待之傾向。

③ 介意裙襬

這是一種自我防衛的表達動作，想要保護自己。而養成這種拉裙襬的習慣，會想像著自己是很風騷的女性，大多是經驗豐富的人，但女性在生理期有時也會有這種動作。

④ 凝視對方講話

這個動作包含著兩種意義。眼睛一眨也不眨的凝視，是充滿著敵意的凝視。而相對的，眼睛溼潤，時時眨眼，含情脈脈的凝視對方，是充滿情愫的凝視。尤其是視線與對方相遇時不避開，更是有無限的愛意。

⑤ 手輕撫著面頰

用手輕撫著面頰的女性，是僞裝感情的一種動作。泰半不願被對方看穿自己的內心世界。常見於男女間好感開始萌芽時。又拉自己的耳朵，是吸引他人注意的信號。

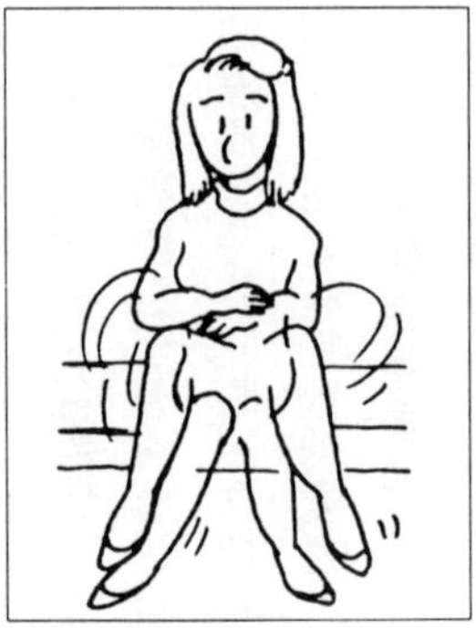

①不斷換腳交叉

②立刻撫摸頭髮

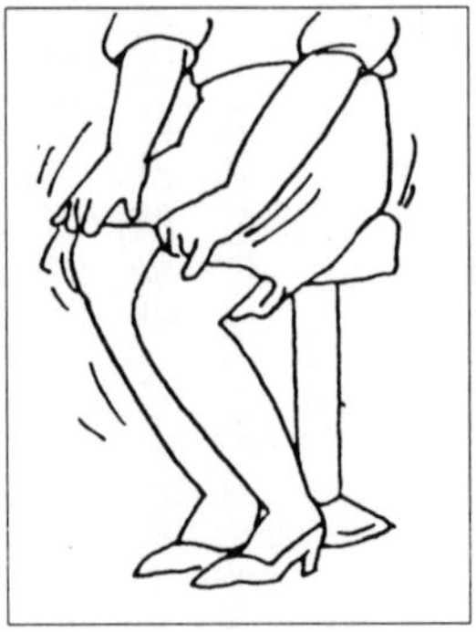

③介意裙襬

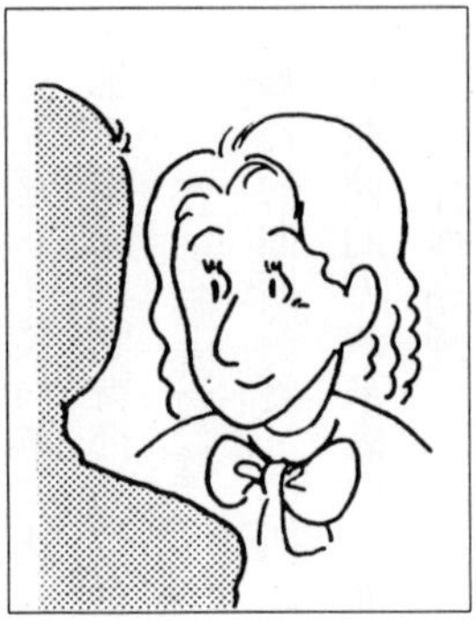

④凝視對方說話

⑤手輕撫著面頰

⑥兩手托腮仔細聆聽

⑥　兩手托腮聆聽對方

是希望對方能夠肯定自己，了解自己的心情表露，若女性在你面前持這種姿勢，她是在做無言的抗議。

10　團體也有它的「面」相

成功登陸月球，締造了世界偉大的科學歷史，而將美國太空船阿波羅11號三個組員之相貌做比較，則發現了很有趣的組合現象。

阿波羅11號的船長阿姆斯壯的臉形是屬於四方形，下巴骨骼非常發達。而留在母船的柯林斯，他的臉形是下巴較細的逆三角形。艾德林則是介於兩人之間的蛋形臉。

以美國太空人名鑑做基礎，將六十二位太空人的相貌做了以下的分類。

圓形　十七人（二七・四％）

四方形　十六人（二五・八％）

逆三角形　二九人（四六・七％）

出人意表的是屬於運動員類型，健壯的方形臉，竟比逆三角形少。

但是蘇聯的太空人，和阿姆斯壯相似的方形臉卻比較多，十六人當中占有十一席，而逆三角臉形則只有二人。

在相學上，阿姆斯壯的臉形是屬於外向型。柯林斯與艾德林則是內向型的性格。方形臉具有冒險心，做事執著，不達目的絕不干休，是全力以赴之行動派。相對的，艾德林的臉形，是屬於創造力，研究豐富，但又有點內向、消極的思考派。留在母船的柯林斯之臉形，是三人中較細膩的一位。按部就班、有潔癖、有創意，對任何事都充滿了好奇與興趣，反應也很快。是屬於分析力、洞察力强的理論派。

須要團隊合作的工作，以相同臉形所組成的組員，行動時每個人的行動反應並無多大的差異。但若組成的組員臉形各不相同，在進行行動時，就會有不同的反應行動，能力方面也是具有相同的情形。

登陸月球是須要「勇氣和判斷力」的工作，由方形臉的阿姆斯壯擔任。而證實其安全性之後，由熱心研究、心思細密周到的蛋形臉艾德林，將阿姆斯壯所遺漏之處，再詳加調查。而神經細膩，具分析力的逆三角形臉柯林斯，在地球與月球之間，一邊分析狀況，一邊依電腦的指示來行動。

每種臉形都具有其長處，將各種臉形的長處加以活用，登陸月球方得以順利成功，這樣說其實亦不爲過。

2

以身體形狀觀其性格

11 從耳朵的位置看性格

從臉的正面來看，耳朵的位置因人而異。

以左圖爲例，用目測在鼻子的前端拉出水平線，觀察耳朵是在水平線上，或水平線下，我們以下圖分爲三類型。

Ⓐ類型的人

一般最常見的類型，是很可靠的普通朋友。對女性委託之事非常熱心。具有明朗的性格和同情心。以明朗的態度交往，可以加深友情，是安全可靠的典型。若是男性，性格多稍顯內向。

Ⓑ類型的人

有一點神經質，是較不易親近之類型，不擅詞令、性格內向，與Ⓐ類型的人相比，更傾內向，是非社交性人物。若透過相近的興趣來接近的話，可融洽相處，尤其是繪畫、音樂方面，更能增加親密度。

Ⓒ類型的人

外表看來彷佛不太親切，不易接近，無體貼心，不容易交往的人，但實際上卻很可靠、有實行力，是具有老闆氣質的人。在公司是屬於精華型人物，公司的重要幹部多屬於這種類

Ⓐ類型
耳朵與水平線相等

Ⓑ類型
耳朵在水平線之上

Ⓒ類型
耳朵在水平線之下

型。

個性爽朗，不計較細微末節，因此只要開誠布公，就容易與之交往。具有正義感，判斷正確，不易犯錯，若利用運動方式與之接近，是理想的攻略法。

12 耳溝的形狀

觀察耳朵的位置，可以順便看看側面的耳溝。而外耳的耳溝也有個別差異。像ㄅ的耳溝就相當窄小。ㄆ的耳溝比較寬。而ㄇ則完全沒有耳溝。

參考下圖，我們來看看自己的耳溝是何種類型。

A型　即ㄅ的類型。女性有神經質的特質，沒有體力，容易疲勞，不能做長時間的工作，是擅用創意和思考而成功的典型。

在愛情方面，追求柏拉圖式的愛情，認爲精神比肉體更爲重要。夫妻生活理想高，沒有大夢想無法滿足她，二人一起旅行，會經常做幻想大夢。

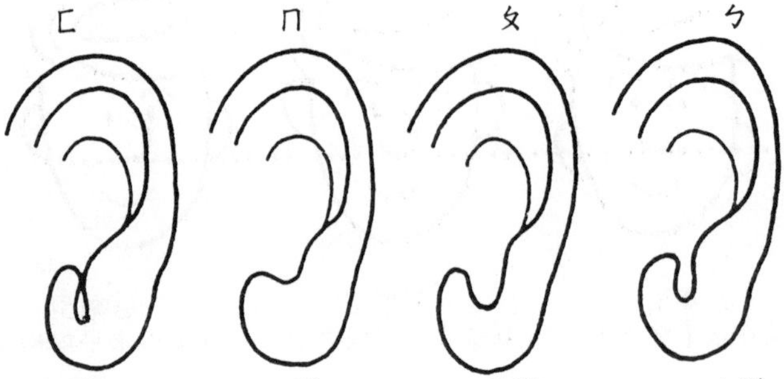

B型　即ㄆ型的類型。擁有這種耳溝的男性，可以說是各方面都很平均之類型。有活動力和勇氣，平常看來乖順，一旦有事則會大膽採取行動。即使雙親反對，也會不顧一切的與自己喜歡的對象結婚。具有旺盛的活力。日本前首相三木武夫的耳朵即是這種類型。

在夫妻生活上，妻子應該寬大爲懷，讓這種類型的丈夫擁有自由的空間。

C型　ㄇ即無耳溝之類型。這種類型比較任性，占有慾强、個性執拗。三十歲前命運會有激烈的變化，生活不易安定。

但到了三十歲時，充滿變化的生活，反而對三十歲以後的命運有正面的影響。可能離開本職而大成功，或遇貴人相助，而鴻運當頭的。

男性如果晚婚可以得到安定。但在二五、六歲時有同居生活，並有二、三次的戀愛經驗。

在性愛方面極爲强壯，曾與其春風一度的女性，將永遠成爲其肉體之禁臠。

D型　屬於突變型之耳溝，不僅彎曲，而且會長出毛髮。性格上易怒而急躁。但是有個性的工作，則能發揮實力。時裝設計師、美容師等都是不錯的職業。對比自己年長的女性具有吸引力，有時對同性亦有同感。

13　以耳朵凹處看性格

耳朵形狀千奇百怪，有的人是方形大耳，有的人卻是如鼠小耳。仔細觀察耳朵，會發現種種有趣的現象。

例如，耳洞附近凹處的形狀，仔細觀察均有個別差異。照片中有四個男女，耳朵凹處的形狀各不相同，我們來仔細分辨。

一般男性的耳朵比女性寬，但耳洞凹處卻都不深，反之，女性耳朵凹處深，但耳洞卻窄了許多。圖②和圖③是一般男性和女性的耳朵。

有一種傳説，在風化地區，男性以耳朵來鑑別自己喜歡的女性。

這是東方的面相術，耳朵凹處稱「風門」，而其大小則與女性陰道的大小有關，可以做爲判別的標準。

至於耳朵的凹處，越瘦的人越易變形。變成圖①形狀的人，骨骼發達，多爲强壯的女

③

①

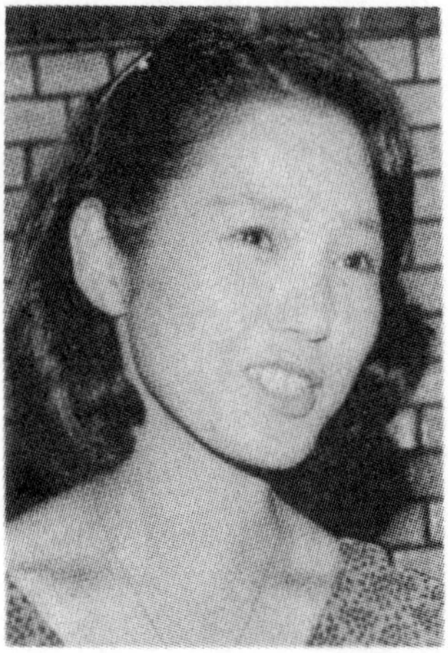

④

②

性。耳朵凹處也比較大。

女性理想的類型，就是圖①的女性，凹處淺而生有薄毛是其特色。

男性耳朵凹處大，像圖②的男性是充滿精力的人。

美國總統甘迺迪家族，泰半是這種耳朵類型，如甘迺迪總統及羅勃甘迺迪的凹處均很大。而耳朵附近長毛，自古以來被視爲長壽的象徵。在面相上學上稱爲「耳毫」。

圖④是屬於中性的感覺，也很常見。

在女性身體中，耳朵是對性刺激最敏感之處。跳舞時，在女性的耳朵輕輕的吹氣，依女性的反應來做爲「處女鑑別法」的男士不在少數。

14 以眉間縐紋看吝嗇度

不論是戀人或朋友，與對金錢十分吝嗇的人交往，是一件極無趣的事情。最初或許沒有感覺，但交往後，其本性就顯露出來。而在約會中爲了金錢的用途，也會時起齟齬。

因而看男性的眉間，即可測知其吝嗇度。

Ⓐ 有二條縐紋的人

美國前總統甘迺迪，即是兩條縐紋的典型人物

有兩條縐紋的人，使用金錢非常合理。雖然多金，但花費也多的類型。不過，如果出於

必要，即使用再多的錢，也不會縐一下眉頭。

友人有難時，會毫不猶豫的借貸給對方。這種男性在工作上，會遇到好協助者。

Ⓑ　有三條縐紋的人

眉間中央有一條較長的縐紋，兩旁各有一條較短的縐紋，這種有三條縐紋的男性，是按部就班，努力儲蓄的典型。

換言之，雖然對股票及投機事業興致勃勃，但與其從事賭博性的獲利，不如存放銀行來賺取利息。再者，能將親人所留下的財產增加爲二、三倍，是做爲第二代經營者最理想的人選，做爲養子亦是上上之選。額頭中央很多痣，也是此類型之特色。

Ⓒ　只有一條縐紋的人

眉間只有一條縐紋的人，對金錢錙銖必較。有些吝嗇，不僅對別人，自己也不隨便花錢。

很樸實，認真掙錢，也很頑固，不容易改變自己的生活，縱使結婚，夫婦經濟亦希望個別管理。有名的政治家吉田茂先生，即爲眉間一條縐紋的人。另外，在性格上有些類似的前英國首相邱吉爾，亦是屬於此類型。

Ⓓ　有多條縐紋的人

家庭生活枯燥乏味，但工作卻非常起勁。是屬於精英型之領薪階級人士。

2 以身體形狀觀其性格

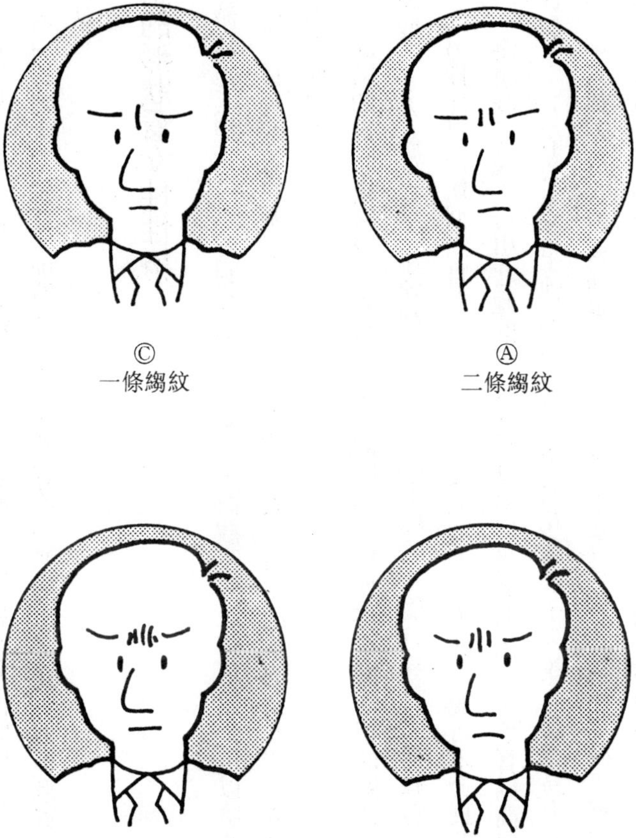

Ⓒ
一條縐紋

Ⓐ
二條縐紋

Ⓓ
多條縐紋

Ⓑ
三條縐紋

這型人，買東西總是斤斤計較。但因過分介意金錢，反而經常蒙受損失，容易遭騙。世界聞名的畫家畢卡索，就是這種類型的人，表面上似乎對錢沒什麼概念，但潛意識裡卻耿耿於懷。若身邊無大把金錢，即覺不安。雖然專心一意的想賺錢，但卻無實行力，總是讓別人捷足先登。

15 以肚臍的形狀看女性性格

在海邊和游泳池，經常可以看到穿泳裝的女性，而觀察其肚臍形狀，可以臆測其性格與對異性的關心度。最近穿著比基尼泳裝，或二件式泳衣而露出肚臍的女性比比皆是。好好的觀察，也是鑑別女性的方法之一。

一般說來，肚臍的形狀與臉形、體形有很深的關係，與性格也有密切的關連。

(A) **縱長型**……全體修長，運動神經發達。風姿綽約，而且身材勻稱修長。在海邊或游泳池，會引起男性注目的類型。自尊心很強，不高明的追求方式，她可不會理睬，重視氣氛，若從音樂、繪畫找話題，可引起她的興致。喜歡風風光光的生活，更喜歡高級的汽車。

(B) **橫長型**……具有容易愛上他人的特質。對於花花公子來說，是容易上手的女性。但若一旦愛上，即緊抓不放，若要撤退必須小心為要。方形臉、稍顯豐滿，臀部和胸部也大。在性愛方面，若以細膩的技巧，不如強力的進攻，是屬於精神和肉體很有韻味的女子。

(C) 逆三角形（向下）……圓臉、小腹肌肉下垂，性格懶散，與異性的關係相當紊亂。普通的性愛方式不能滿足她，會要求變態的體位。有虐待與被虐待之危險性。內向、外表彷彿很乖順，卻相當厲害，值得注意。

(D) 三角形（向上）……方形臉，風姿綽約的典型，乳房、臀部皆豐滿，身材勻稱，個性開放，不論同性或異性均予人良好的印象，性愛開放，但好惡清楚。將性愛當做遊戲而盡情享樂。

(E) 圓形……蛋形臉。整體說來有一點豐圓，有少女的氣息，以花花公子來看，具未開發的魅力。容易受他人言語的影響。因此，依照自己的原則，不斷的努力追求，是獲取其芳心之要領。

16 從手掌可以看出性格

我們來仔細觀察四十四頁的三張手掌照片，可以發現各有千秋。將①和②做比較時，①比②小；手掌寬度較窄，有孩子般懦弱的感覺。②的手掌比較寬，手指粗，比較成熟。③的手指細，整體予人修長纖細的感覺。

如①的手不僅小，手掌亦窄，身材玲瓏者多見。而若男性具有這種小手，稍微有點胭脂味，也予以懦弱的印象。身材短小、神經質，性格有些分裂者居多。但此類型的人，具有獨

①

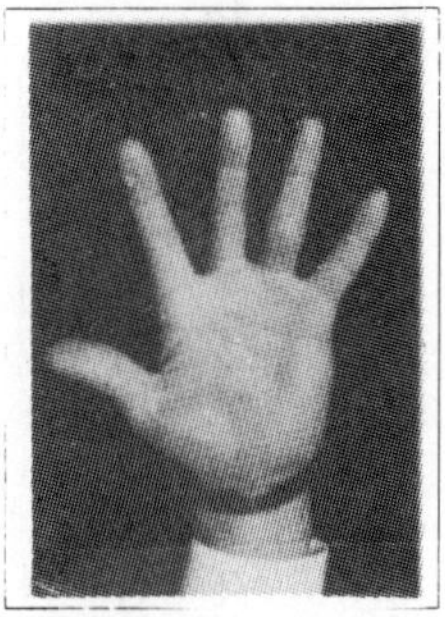

②

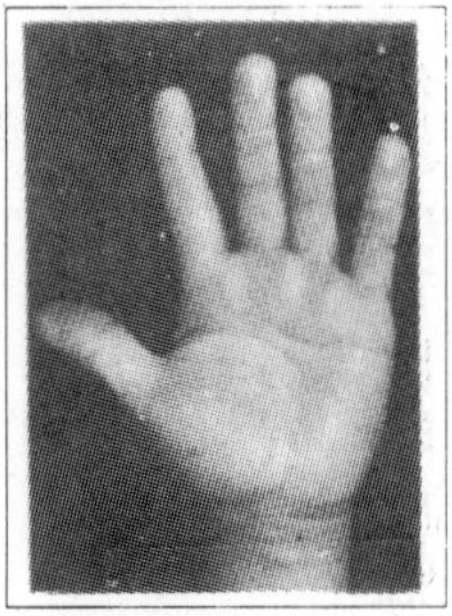

③

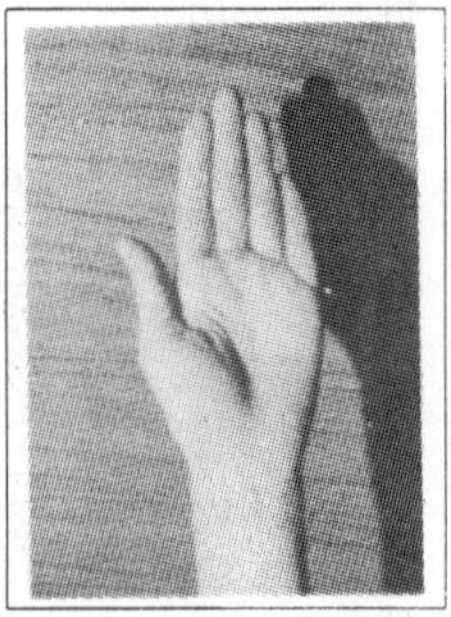

創力，經常擁有一般人意想不到的創意。對藝術的感覺很敏銳，年輕時，對女性或自己的才能沒有自信，稍顯自卑而且常常隱藏，容易陷入追求幻想的世界，以喜愛孤獨者多。可是一旦掌握機會，即有令人瞠目結舌的驚人之舉。納粹希特勒、法國拿破崙，均爲這種類型，是典型的英雄人物。

再者，這種類型的人，在文學、插圖、設計的工作上，都有豐碩的成果。

圖②是屬於穩重型的手。中年後會發胖，具有明朗的性格，社交性好，喜歡照顧別人。另外，這種手骨頭隆起的人，耐力相當强。

屬於圖②類型的人，有領導力，是老闆型人物，擅於處理困難的問題，相當有能力。若是領薪階級的人，也必定是精英份子，有企劃力、有創意，更具實行力，是周圍可以依靠與信賴的人。

圖③手型是屬於貴族類型。是那種與其付諸行動，不如靜思考的典型。心情有些懶散，對人的好惡激烈。一般說來智能高、分析力、判斷力均優異。但喜歡追求華麗的事物。

除了以上三種類型之外，還有各種複雜的手型。現在將克內芝曼對體格的分類和手的形狀組合圖示於四十七頁。

圖⑤和圖⑥的手屬於瘦長型，性格屬「分裂型性格」，而圖③和圖④的手型，大半是健壯的人，性格屬「粘著型」，又圖①和圖②的手型粗大，身材會變胖的人居多，而性格屬「躁鬱型性格」。

對初見面的人，觀察其手的形狀，做研究和判斷時，會出現種種有趣的結果。這時若把對方的指甲形狀也多加觀察一番，會增加更多的線索。

① 簡單原始的手

和身體比例相比，手掌周圍大、肌肉厚實、手指粗、形成厚厚的四方形手掌，全體强而有力，是健壯的手。手掌的丘發達，表示身心健康、有精力。常見於運動員，或者靠手工作的勞動者。

這種手形的人，是樂天派的性格。不介意細微末節，工作認真，不辭辛勞。別人討厭的工作，他會毫不介意的做，因爲有耐性，又默默工作，雖不引人注目，但獲得極高評價。

但因不注意細微之事，不懂人情世故，而遭人疏遠。

② 不規則原始的手

①簡單原始的手

②不規則原始的手

③肉薄骨頭隆起的手

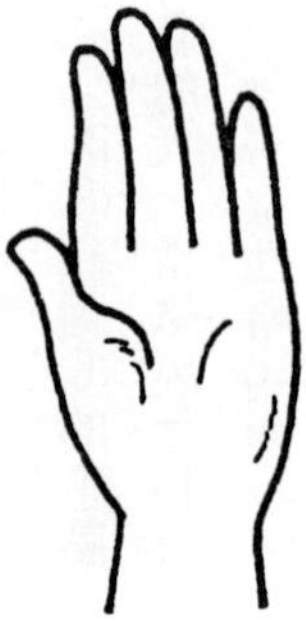

④手指尖端細、肌肉隆起的手

⑤小又修長美麗的手

⑥小而長貴族的手

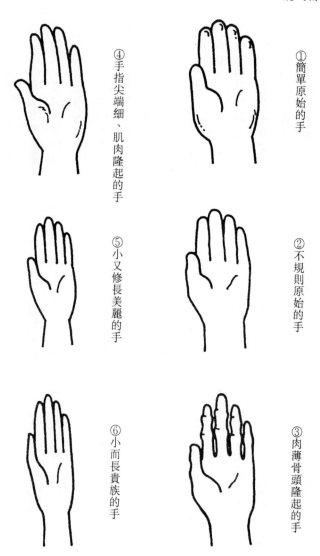

和圖①相同，也是屬於大手掌類型，有些扁平，全體看來似方形，與圖①的丘相比，沒有全部隆起。

身體具很强的抵抗力，喜歡工作，亦能勝任愉快。別人不喜歡的工作，他會率先動手，這點很值得尊重與信賴。但在感情面，不擅於表達細膩的情感，也不想去了解對方的心情，往往招來非議。

③ 肉薄骨頭隆起的手

手掌與手指皆屬修長型，瘦削少肉，骨節隆起，手指合併，指間縫隙可見，手掌肉薄，平掌丘亦不發達。

這種類型的人，個性堅强，知識慾旺盛，耐力亦强。以前的學者、研究家常見這種手型。比較不重視物質、肉體的享受，寧可追求知識的喜悅。稍嫌頑固，自我本位，但好惡分明，一旦有了心儀的對象，即永遠堅貞不二。

④ 手指尖端細，肌肉隆起的手

是一雙豐滿的手。手指長、手指尖端細而翹起、掌心的丘隆起，具有相當的彈性。

這種類型的手，有社交性、想像力豐富、藝術感官優異、性格溫和、不堅持己見，順應對方，是隨和好相處的典型。對於人生的目的並不深究，做任何事情都訴之以感覺，强烈渴望過著享樂的人生。

這種手型的人，對於須要耐性的工作並不擅長，但對外交或者藝術方面卻得心應手。

⑤ 小而修長美麗的手

纖纖小手，手指尖端細長而美麗，這是女性常見的手型。皮膚柔細、骨節不突出，予人纖細美感，俗稱「美人指」。不論男女，若手型修長但縐紋多的人，神經質、心思細密。

這種手型的人，比一般更憧憬美好的事物，努力追求理想，感覺敏銳、感情豐沛。若做爲藝術家，可以充分發揮天分，以世俗眼光來看，是不擅於賺錢的人。

身體不健壯、精力亦少，不適合從事肉體勞動。但用腦的工作，又嫌耐力不足。

⑥ 修長貴族型的手

比圖⑤的手更修長的手型。這種手型的性格，與圖⑤略同，但更具貴族氣質，非常浪漫，不能忍受嚴厲或者貧困的生活。

談戀愛時轟轟烈烈，但經常迷失自己，遭受多次失敗的戀愛與婚姻，容易受傷。思想偏激、我行我素，因此容易引起悲劇。應改變自己的想法，勿鑽牛角尖，以明朗、開闊的心來思考事物，鍛鍊其精神層面。

在健康上，呼吸器官比較弱，屬於容易生病的體質，要特別加以注意。

17 手的厚度與大小

2 以身體形狀觀其性格

表1

b ＼ c	15公分以下	15.1～16	16.1～18	18公分以上
15公分以下	ㄅ	ㄅ	ㄆ	ㄇ
15.1～16.5	ㄆ	ㄇ	ㄇ	ㄉ
16.6～17.7	ㄆ	ㄇ	ㄉ	ㄉ
17.8以上	ㄆ	ㄈ	ㄈ	ㄈ

我們手的大小，與體格、身高都有關連。如手的長度（中指的指尖到手腕）爲a，身高即爲a的九·四倍。再者，手的長度與臉的長度也是成比例的。手越長，臉也越長。假定手掌周圍（食指根部及小指根部的周圍）設定爲b，而b的三倍即爲那人頭部的周長。現在將拇指與小指全部攤開設定爲c，以c的長度來做調查。

將手的周圍寬度b，和小指～拇指的長度c做比較，能探知一個人的性格與行動力。

b的長度與c的長度的組合，以表1來占卜看看。

十九歲以上的男性，b的長度平均爲十九·五公分，而女性則爲十八公分左右。

比這個平均數更長的人，富男子氣概、

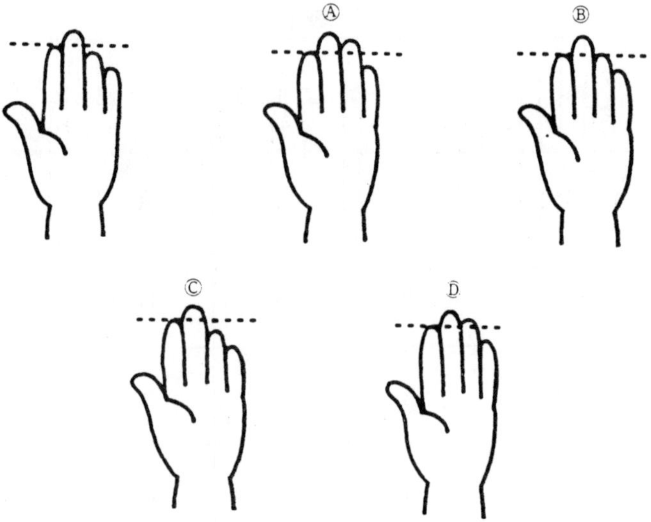

有精力和幹勁，比它短的人，個性柔順，具有女性氣質。

18 手指的長度

手指的長度，以食指和無名指最爲重要。將手指伸直，如上圖，在食指的指尖畫一水平線，看看食指與無名指那根比較長。這點是了解一個人才能的線索。

Ⓐ **無名指比食指長**……具有藝術感官的人。但是不具備行動力。與其寄望他人。不如自己慢慢伸展自己的才華，提高藝術能力，掌握機會。

Ⓑ **二根手指一樣長**……這是很罕見的情況。其能力非常平均，不僅具有藝術才華，更兼具理科的能力，按部就班慢慢提高自己的能力，並且肯花時間去探究一切事

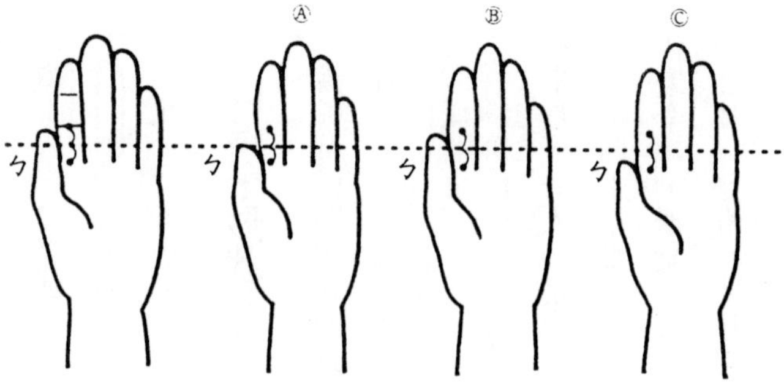

物，能盡情發揮實力。

ⓒ 食指特別長……不喜歡受限於人，有行動力、有社交性。頭腦靈敏，是成功的實業家、政治家典型。

Ⓓ 食指比無名指短一點點……不像Ⓐ的食指和無名指相差那麼多，只是比無名指短一點點。這種類型有順應力，容易迷失自我。要找出自己的特長，必須相當費精神。

19 拇指的長度

將拇指緊緊貼在食指旁邊。再把拇指伸直，看指尖能伸長到何處。如圖以食指的第一個關節爲基點，畫一水平線。我們來看在ㄅ的線上，拇指比水平線高或低。

Ⓐ 與ㄅ線完全相等的人……這種拇指的長度是屬於一般型。是意志力強，樸實無華、按部就班努力工作的類型。但一旦有狀況，卻能發揮其強大潛力，更難得的是，具有體貼朋友之心。

Ⓑ 拇指在ㄅ線上面的人……拇指尖端在ㄅ線上端的

人，能幹、充滿活力和工作力、不認輸。拇指代表一個人的意志力，因此這種類型的人，精神抖擻，意志力堅强。

Ⓒ拇指在ㄅ線下面的人……拇指在ㄅ線下面的人，性情溫順，但容易疲勞。怕寂寞、很敏感，相當依賴他人。

20 以指甲形狀看性格

指甲可以顯示人的身體狀況。若將男性與女性的指甲做比較，會出現種種不同的現象。首先看指甲根部的「半月紋」。所謂半月紋，即是如半月形狀的白紋。有的人具有半月紋，有的人則無。

中指和食指代表人的上半身。而無名指與小指，則關係著人的下半身。如小指與無名指沒有半月紋的人，是表示腰與足部較弱。雙腳容易疲勞，而腳細的人，胃腸也較差。

食指和中指沒有半月紋的人，上半身容易疲勞，眼睛酸澀、頸部、肩部經常疼痛、拇指則代表全身，拇指沒有半月紋的人，經常睡眠不足和容易疲勞。

如果仔細觀察指甲形狀的變化，可得知戀愛運勢的線索。現在以食指的形狀爲中心來看看。

首先注意指甲的根部，以確定其人的指甲，與以下四個指甲中那個形狀最爲類似。Ⓐ四

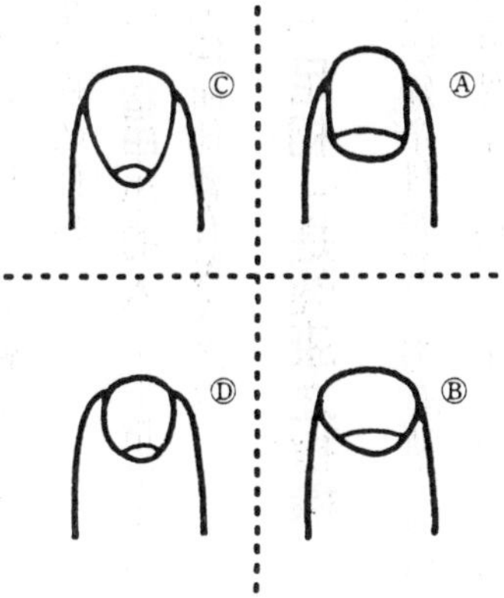

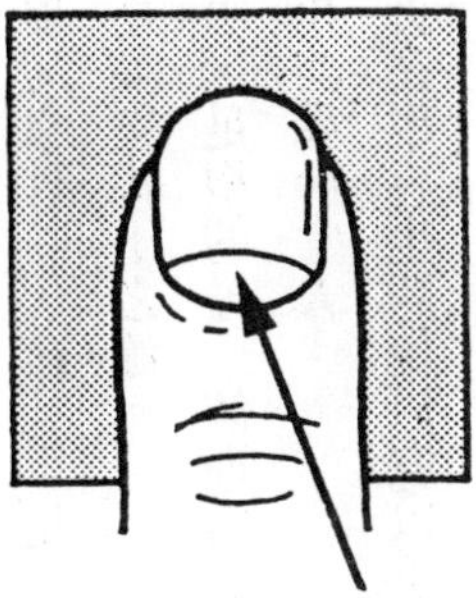

角形、根部方形。Ⓑ圓形、半月形。Ⓒ根部狹窄之倒三角形。Ⓓ指甲小的人。

Ⓐ **四角形**……四角形指甲，屬於健壯的男性居多。不易向對方透露愛意，也不願意讓對方看見自己的弱點。男性的話，會喜歡比自己年幼的女性。而女性則是比自己年小的男性之依靠。

Ⓑ **半圓形**……指甲根部是圓形的人，是屬於浪漫派的類型。男性的話，容易一見鍾情，並憧憬著夢幻般的戀情。一遇上中意的人，就永遠忘不了，是容易單戀的典型。女性則爲伊獻身服務，表現出溫柔體貼，使人產生好感，是多情型女子。

Ⓒ **倒三角形**……指甲根部修長，呈倒三角形的人，感情路上多崎嶇，自己喜歡的人，已經另有所屬，不喜歡的人，卻表現

了愛慕之情，因此容易轉變爲多角關係。在不必要之處執著、容易蒙受損失。女性會得到年紀較小男性的仰慕。

Ⓓ **指甲小的人**……指甲小的人，比較不具勇氣，缺少知音，怕寂寞，性情萎萎縮縮，但偶而他會有驚人之舉。

21 「足相」是健康之指標

美國婦產科醫院，都有新生嬰兒的手型與足型記錄。

這當然不是以手相來「占卜」囉！將嬰兒的手型、足型做下記錄，其原因有二。

首先是爲了識別，怕抱錯嬰兒，二、做爲親子判別之證據。日本的婦產科醫院，曾經發生「抱錯嬰兒事件」，這種手足型的記錄，是防患未然之舉。手足之掌紋，有一定的遺傳法則，是做爲識別親子之源。

記錄手、足型的另一個理由是，可以早期發現先天性的疾病。精神發育遲滯的蒙古症，其手、足相均異於常人。

而最近醫學界也開始研究以手相及足相來診斷先天性疾病。據美國『時代』週刊報導，澳洲達爾文大學醫學院研究小組，將先天性心臟畸型和手相、足相有關連之研究論文送到英國報導，引起了醫學界的注意。手相與足相的研究，其實數年來在歐美已經行之有年。

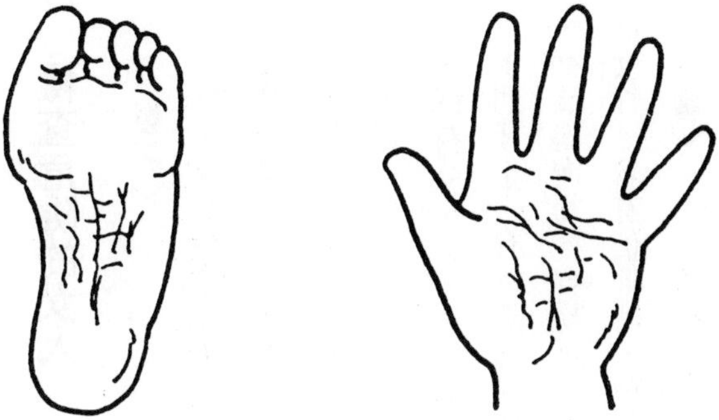

人的身體，首先從腳開始老化，在醫學上，亦有其根據。

至於人的腳，有許多有趣的報告。手和腳，一般爲了保持平衡，無論大小、肌肉均有其類似面。如上圖所示之手型與足型，是成人的腳型。在手掌中心部分出現的細小皺紋，在足底亦類似。手掌皺紋多，腳掌皺紋也多，這是一般的情形。

腳的大小（拇指尖到腳跟的長度），與手腕到手肘的長度大致相同。

另外有趣的是，手掌最寬部分之周長，和腳的長度亦相同。

而且腳最寬部分之周長，與腳的長度也無分軒輊，實在有趣。

人體的每個部分，都依著一定的規則在發育。

腳底的腳掌紋亦有個別差異。因爲身體狀況不同，掌紋出現的方法也不同。腳底出現垂直橫過的皺紋，表示身體狀況良好，全體平衡亦佳。出現水平橫向的掌紋，表示身體狀況較不理想。孩童的腳掌紋，多是水平、斜面，及長，就逐漸變成垂直的掌紋。

22 檢查危險的女人

〈髮際〉

髮際左右不齊的女性，具有欺騙男性，使其毀滅之能。尤其越美麗的女子，男性越是瘋狂，成爲紛爭之源。如果是爲人妻者，可能會陷入婚外情。自認没有錯，卻可以一手毀滅男性。這種類型的女性，若再加上眉毛中途切斷，或眉中有痣，會讓男性心志紊亂，一生陷入狂瀾的凶運中。

〈門牙〉

上門牙小，有縫隙的女性，身體虛弱，易與父母起爭執。缺門牙的女性，亦戀情看似平順，卻波濤洶湧。容易爲家庭帶來麻煩。與雙親、子女緣份薄，人際關係孤立。但是這種類型的女性，若有信仰時，會幫助男性進昇成功，而使家庭興盛。

〈鼻〉

方形臉，鼻子有痣的女性，對性的關心度高，性愛方面正常，卻不易生子。容易溺愛對方。這種類型的女性，在嘴邊，或眼皮有痣的話，是多淫者，會消耗男性的體力。性方面優異，堪稱爲箇中老手。會因三角關係或婚外情，造成男性的煩惱。

〈眼尾〉

在眼尾有傷，或有痣的女性，會使男性心性紊亂，過分要求刺激，而無法滿足平凡的生活。晚婚典型，或者在婚前感情破裂，而滋生糾紛。

3

從出生至養育，可判斷性格

23 左撇子的性格特徵

一般說來，左撇子大約占八％。人類本來雙手均能使用，但隨著成長，逐漸只用右手的例子比比皆是。在日常生活中，我們所使用的日用品或道具，泰半也是爲了右手而設計，例如剪刀、電話、高爾夫球用具等等。對左撇子，造成許多不便，因此人在社會上，往往被迫使用右手。

但是，左撇子若被迫改用右手的話，會引起焦慮，嚴重者甚至會造成語言障礙。因此最近也不再强迫左撇子改用右手了，甚至開始販賣適合左撇子的日用品，在外國並且有「左撇子專賣店」儼然已成爲左撇子時代。文藝復興時期著名的藝術家達文西，他用左手畫素描，右手著顏色呢！

運動選手方面，左撇子比慣用右手者，更能巧妙使用雙手，也比較能發揮實力，這種實例不勝枚舉。在運動界大部分的人都是慣用右手，而能巧妙使用左手者，成績通常會出乎意表。以網球和棒球來說，訓練左撇子，可培養出與衆不同的技術出來。

〈工藤型〉　棒球選手中左撇子甚多。在運動場上俗稱南爪（south－paw）。左打者在揮棒後，視線不會受到阻擋，可以立即衝向一壘。如果是投手的話，亦可清楚的看到一壘跑者，令跑者倍加緊張。美國大聯盟的投手陣容，約有三十％是左撇子。「南爪」一語並非一般所說出自「拳擊」術語，而源自於棒球。在芝加哥的西巴球場，右打者的打擊位置向北，左打者自然向南之故，因此稱南（south）爪（paw）。因鬧醜聞而銷聲匿跡的江夏投手，也是這種類型。江夏先生相當有耐力，也有衝勁，容易爆怒、不服輸，這種性格是左撇子的特質。

〈羽川型〉　在左撇子當中，也有浪漫派與幻想家。普通人不去注意的細節，他都了然於心。與人交往，好惡分明，看起來比實際年齡年輕，具有年輕人的個性，藝術感高，具溫柔的性格。對女性很體貼，是人見人愛的選手，羽川選手是這種典型。第六感敏銳，推測未來能力强。而在高爾夫球界，左撇子開始活躍則是最近的事。

〈麥肯諾型〉　在網球場上，左撇子的反拍是非常獨特的技巧，在溫布敦比賽中過關斬將的，據說左撇子居多。這是因爲慣用右手的選手，常因左撇子與衆不同的殺球與吊球而失利。討厭固定的生活形式，不喜將自己的感情表露於外，是左撇子的特徵。動如狡兔，靜如處子亦是左撇子特殊的性格。

24　右撇子的性格與特徵

無可否認的，右撇子佔壓倒性的多數，但卻沒有類似左撇子的調查。根據某項調查，左撇子占三%，但另外一種調查報告卻是二十%，莫衷一是。

我們試著將雙手自然交叉，看那個拇指在上面。根據統計，右手拇指在上的佔六十%，左手拇指在上的有四十%。接著並重複了n次同樣的實驗。

但是這種交叉方式，孩童並沒定式，及長才固定化。由此可知，人類使用右手或左手，並非完全來自遺傳，也有後天學習的因素存在。有人認爲，可能是支配人類的腦之左半球與右半球的關連。

因爲人類慣用右手的人多，使用右手變成很自然的事，而左撇子就變成與衆不同了，因此右撇子在社會上立刻能適應，成爲唯唯諾諾的安全主義者。不必像左撇子經常遭遇困惑，徬徨不知所措。

慣用右手的人，認爲右手社會是當然之事。因此想把自己的想法强迫對方接受，這是其缺點。一般說來，右撇子的判斷比較合理，也具順應性。在被許可的範圍內，想要充分表現自己，比較具現實觀。

〈阿信型〉 曾經轟動日本，名噪一時的吉祥明星，ＮＨＫ早晨之連續劇「阿信」的主角，顯然是使用右手的典型人物，做事不勉强，不會操之過急，一步步地朝自己的目標努力，亦不會爲如何與人相處而費神。在被賦予的範圍，充分發揮自己的能力，再苦也能忍受，是慣用右手者之特性，另外就是重視現實，不懷抱大夢想。

〈阿寅型〉 感情脆弱，易感傷。歡樂時與人分享，容易親近、不樹敵。只是這種類型的人，容易受人慫恿，不會拒絕，而遭人利用或背叛，雖然如此，卻死心塌地，不會做出背德之事。在慣用右手者中，是屬於重感情的人。也因爲從不細思遠慮，所以沒有什麼煩惱，雖然有時亦會動怒，但片刻即煙消雲散。

〈愛因斯坦型〉　慣用右手的人，其左半腦比較發達。左半腦適合邏輯的思考與分析思考。這點，慣用右手的人比較擅長，不靠第六感，而先以邏輯的思考，加以分析後而得到結論。

25 人類血型鑑別法

A型（合音型）

隨和，容易與人相處，但不輕易表露內心之喜惡。冷靜而謹慎。女性的話，對家庭完全的奉獻，處理金錢慎重，雖不曾掌握經濟大權，但處理家庭開支絕無失誤。夫妻生活全由對方主導。尤其是男性，恐怕得向妻子低頭，與B型是對立的角色。

B型（節奏型）

合理性，但愛講道理。凡事想要親身體驗與判斷，不管他人瓦上霜之性格，自我主張，富有行動力的熱情家，容易戀愛結婚，但易熱易冷，不能持久。自認爲正當、正確，絕不輕言放棄，並且越挫越勇。若與O型人結婚，會相當順利，但與B型結婚，則爭吵不斷。活潑的心經常保持新婚的心情。

O型（旋律型）

喜歡變化、有幽默感。懂得人情世故，喜歡照顧他人，與人親密隨和、見義勇爲。怕寂寞卻懂人情。享受繪畫、烹飪等，是擅於享受生活的人。樂天派，對金錢不計較。做爲企業人會成功，從事服務業，會成爲社交家。不論身在何處，總有朋友相伴，在團體中，屬於協調角色。

AB型（複雜型）

具有獨特的性格。這是A型、B型、O型之混合型性格，不會表達自己，心緒不安定，做任何事不求滿足，也不能靜靜在家裡。持續努力卻仍然平凡。相當神經質，對細微的事過於費神，容易疲勞。不願去了解人，甚至有人結婚十年還不清楚對方的個性。

26 從血型、臉型看經營者與企業人

白手起家，在渾沌的商戰中脫穎而出者，究竟何種血型比例較多，從血型是否能顯出其特殊的傾向呢？

根據中小企業經營研究會對企業界六八八人的血型和臉型的調查資料（如表2）顯示，與日本人一般的平均值相比，AB型顯得相當多。一般說來，像這樣修正後再做比較，AB型仍

③ 從出生至養育，可判斷性格

表2

	A型	B型	O型	AB型	不知道
經營者	192人 27.9%	114人 16.6%	198人 28.8%	114人 16.6%	70人 10.2%
日本人全體的傾向	39%	21%	31%	9%	

表3

血型 人相	A型	AB型	B型	O型
倒三角形	8人	4人	6人	7人
六角形	2	4	1	6
金字塔型	1	2	1	1
蛋　型	87	46	54	95
長方形	27	27	16	35
正多角形	14	6	9	16
壘包型	51	25	27	38

然意外的多。而被視爲理想企業人的O型人，則接近日本人的平均值。

B型是個性派，AB型的複雜型個性也看得出來。

這種調查，對於臉型與血型也做了比較檢討，成爲非常獨特的調查方式。但在企業界，成爲領導者的，AB型約有九%，血型不明者有七十人。

將七十人除掉，加以修正來看，以蛋形臉居多，其次是下巴寬的多角形臉（類似日本象棋）。

調查血型與人相之關連後，變成表3。

分析企業人的臉形，看得出最多的是蛋形臉，占全體之四八%，這也是日本人最常見的臉型。日本壽險公司、電腦公司調查，認爲自己是屬蛋形臉的，與這個調查結果（四八・七%）接近。

企業人中，自認爲是長方形的有一二二人，占一七・七%。再者，血型AB型，臉形長方形的人很多，也是很有趣的現象。O型泰半是圓臉，B型的是瘦瘦的倒三角形臉。

27 依據出身地，看其性格與特色

人的性格，除了受先天的影響，也受其生長環境的塑造，這是衆所周知的。先天的性格稱爲「氣質」，因環境的塑造稱之「二次性格」。至於性格的變化，則因生活環境、教育、工作的不同，而有所差異。但自然環境也對性格很大的影響。

拿破崙若非生於科西嘉島，而生於歐洲的話，歷史就會改寫了。日本詩人石川啄木若非誕生於鹿兒島，而是在九州成長的話，我想那美妙的詩句就無法呈現了。人於山於水，受到大自然環境的影響，而能塑造出自己的人生觀。

依照風土的條件，一般可將人區分爲四個地區。

(1)太平洋型（南九州、高知、和歌山縣、伊豆半島、千葉）

(2)山間內陸型（山梨、長野、群馬、滋賀）

(3)瀨戶內海型（瀨戶內海沿岸的各縣和京都、奈良）

(4)日本海型（山陰、北陸地區）

〈太平洋型〉

圓型或四方形的臉形居多，臉龐較大，有穩重感。鼻子大、眼睛小、嘴巴突出、暴牙是其特色。這種臉形稱做玻里尼西亞型，日本創介學會的池田大作先生，即爲典型。西鄉隆盛先生也是屬於這種類型。擁抱民衆、喜歡照顧他人之領導者，因此廣受大衆歡迎，但頑固、以自我爲中心是其缺點。

〈山間內陸型〉

圓形和方形臉居多。比太平洋型的臉龐稍窄，雖然有點像日本象棋的方形臉，但與身體比較起來，臉不大、骨頭隆起，額寬、顴骨發達也是其特徵。眼、鼻、口平均說來小，只有額部特別發達。屬於有個性、有創意之天才型。創造力豐富、獨立性強。發現新行業、獨立創業而成功者多。

〈瀨戶內海型〉

男性以瘦長的蛋形和長方形臉居多。額頭寬、鼻子修長，屬於文雅、英俊的臉形。眉毛粗、直線型。面部肌肉發達、嘴唇薄。在日本可說是俊美臉形。成爲政府官員、實業家，平步青雲者，大部份是這種臉相。女性的話，是美人型，稱爲「京都美人」。

性格上有些懶散、神經質，但分析力、判斷力優異。理性，屬思考型而非行動型。雖然是樸素的努力家，但成爲成功的學者、藝術家、銀行家者不在少數。

〈日本海型〉

四角形或倒三角形的臉居多，臉部狹窄修長、下巴尖細。眉、眼之間狹窄，輪廓分明。性格積極、富行動力、耐力强。其特點是悲傷、痛苦的事，翌日即掃除陰霾、重新振作。個性隨和，因此做任何事均可能順利。但另一方面，容易變換工作，遷徙住所。

28 用「名片和人交往的心理」

擅於與人交往的人，其共通點就是非常重視別人的名片。與初見面者交換名片時，就立刻記住對方的名字。

已故的名主持人八木治朗先生就是其中之一。八木先生每回坐上計程車，馬上就注意駕駛座旁邊的「執照」，將照片下面的名字、發照日期牢記在心。然後對司機先生說：「某某先生，請你載我到××地方」，直接稱呼司機的名字。

直喚名字，容易與對方產生親密的感覺。如果只說「請載我到××地方！」司機會感到不高興吧！再來看發照日期，因爲可能也記載了出生年月日，如果日期和當時很接近，可以說「你的生日快到了」，或者「你也是九月生的啊！」如此一來，即有交談的機會和交談的線索了。

與對方初見面時，泰半只是漠然的互換名片，然後收下。很少能夠記下名片的名字，其實與初見面的人認識，注意對方的名字，是與人交際成功的關鍵。

以前，在銀座某一流的餐廳中，一位女服務員有將顧客的名片當場撕掉的習慣，因此常常招來顧客不快。但聽了她的解釋，卻也欣然接受，她說：

「我拿著顧客的名片，若未好好收存，有時候反而會傷害顧客的信用，怎麼說呢？因爲如果留下名片，萬一被別人拿去，移作惡用也說不定。」

只不過她將名片撕破、當中的住址、電話並未丟棄，而將它貼在顧客名單上，如此一來，顧客對女服務員的信賴感自然提高。

仔細看「名字」，可以做種種有趣的推理，如果是罕有的名字，我們可以思考其由來，或想像其出生地。而一提到名字，我們也會推測其人的性格，其實與人交往，也有「名字」之活用法。

29 有關名字的研究

有關名字的研究，自古以來即有「姓名判斷」之形式。歐美對名字的研究也日益興盛，甚至也進行名字心理學的研究。英國心理學家瑪洛利・歐巴，是站在教育心理學的立場來進行這種有趣的研究。

他調查女學生的名字，對只有一人或二人之罕見名字，譬如（Anthea），或比較普通的名字，如伊莉莎白等，對於其人在校園生活的「滿意度」，作了一番闡明與調查。

據此調查，越「罕見的名字」的女學生，其「滿意度」越高。一般的名字，如喚伊莉莎白的女學生，在三十八人中，只有十六人表示「滿意」。但最普通的「蘇珊」，在五十三人中，卻有三十二人表示「滿意」。

(1) **特殊的名字、罕見的名字**　有著特殊的名字，和罕見名字的人，比較受人矚目，朋友也多。因此他的「滿意度」就高。但雖然是普通的名字，但因名字與特殊人物，或名人有關連的話，如果她與特殊人物具有不同的氣質或表現，其「滿意度」亦會降低。譬如，伊莉莎白這個名字，她是屬於英國皇室的名字，令人聯想世界有名的美女，但若取用這個名字的人，其形象、表現與之不同，即會招來周遭人的嘲諷，徒增本人之煩惱。

反之，取一般普通的名字「蘇珊」時，任誰都喜歡，因爲她予人一種溫柔可人的形象。

我們來看看日本女性的名字，例如正子、真理、里加等各種情況，像正子，附有「子」時，這是一般日本女子最普遍的名字，大部分的人，均强烈的表示其「滿意度」，因爲容易記憶，並且朋友也多。

但「真理」、「里加」這種名字，雖然也是一般的名字，但從名字上來看，會使人聯想某種美女，和有氣質的女性，因此若其人與之形象不符，其人際關係就會受到阻礙。由此「滿意度」就有「非常好」和「很差」兩個極端。

(2) **不易記憶、不易發音的名字**　成功的人，與不受矚目的人，兩者涇渭分明。根據美國牛津大學研究者調查，取這種名字的人，常是成績差、表現不佳的問題學生。而神經衰弱、心裡的煩惱比一般學生多者，也是這種名字的人占多數。

根據英國某精神科研究者報告，名字的字首是A、B、C者，或英文的末尾（名字的頭字是Y或Z開始）者，得神經病症的比率越高。

(3) **「名字」含種種理由**　大部分是雙親與家庭環境的原因多。

命名之因，若能讓周遭的人了解的話，對自己名字的滿意度就會提高。在歐美，喜歡取用聖經中人物的名字，是其來有自。

(4) **近代的名字**

調查七三四名小學生的名字，並用歐美式姓名判斷法來分類，得出下列的結果。孩子的命名，在日本、歐美均有類似的傾向。以往以漢字的筆畫來考慮，現在不如以名字所代表之意義來考量，各位覺得如何呢？

(5) **受人歡迎、好聽的聲音**

第一名	以「H」開頭的名字	一〇一人
第二名	以「mi」開頭的名字	五七人
第三名	以「ma」開頭的名字	五五人
第四名	以「A」開頭的名字	四七人
第五名	以「Ke」開頭的名字	四六人

容易發音、容易記憶，就是好聽的聲音。受人歡迎的藝人，大部分名字都有好聽的聲音。例如美空雲雀（Mizorahibari），其姓與名均含有受人喜歡的聲音。

(6) **女性含有「子」的名字**

以往日本女性的名字，含有「子」的仍然很多。在三五八位女性中，就有二〇八人是這類類型。一般認為女性的名字加上「子」比較安全。

(7)何種漢字受人歡迎

名字使用漢字者，皆對漢字有偏好。心理上認爲，漢字文字形狀美、看來美麗、容易發音，對漢字的喜好，也藉名字表露出來。

(8)女子名常使用的漢字

美、代、麻、明、和、佳、惠、順、千、智、奈、典、紀、浩、真、由、陽、洋、和。

(9)男子名常使用的漢字

英、浩、健、信、正、一、明、彥、也、之、和、真、誠、弘、直。

(10)取用雙親名字中的一字

日本以及東南亞一帶，其名字的特色，是以雙親名字中的一字來命名。以九五人做調查，有此傾向者占全體之一三%。

30 種種危險的印鑑

(1)印泥彎曲與淡印

以彎曲的印鑑來蓋章，偶而可見。一般是向左彎曲較多。「法人」所開出的支票，代表者的印泥淡而彎曲者，容易變成跳票情況。印泥模糊、不清楚，其支付意志亦淡薄。這時，應重新蓋章。但若是知名公司的經理，或銀行人員，一般不會做這種不小心的事，因爲容易成爲問題之肇因。有一例可循，偷提一億日圓的支票，其支票模糊無法清晰判別，印章向左彎曲。

(2) 廉價的印章與支票

使用隨處可得的簡單印鑑者，其要領取的本票或支票就必須加以注意。開設甲存的一般公司行號幾乎不可能使用這種印鑑。如果使用這種印鑑，可能會因「印鑑不符」而無法兑現。再者，如果相似的印鑑過多，容易引起錯誤，也容易發生詐欺行爲。

(3) 要留意特殊形狀的印鑑

印章的中心有上下之分，顏色也不同，或無外框之章，常用於不正當的用途情形，而且多是性格異常者。另外對一般常識不滿之學者，也偶有所見。例如：柳田國男之印鑑。

(4) 太大或太小的印章

在名片上或書籍使用大印章者，泰半是政治力、指導力優異的人，或者是具宗教領袖氣質的人使用。但不值得信賴的人占多數。

反之，使用太小印章的人，表示其性無能、並缺少生活力。但必須表現權威性的場合，便應該使用大印鑑。創價學會的池田大作先生，所使用的印鑑，就非常可觀。

(5) 只有「名字」的印章，含有兩種意義

在支票的蓋印處上，常見只有名字，而無姓氏的印章，這樣的印章具有兩種含義。如果

印鑑是新的，又是中小企業，即表示其經營不善、支票可能無法兌現。經營者也可能噩運連連，曾經有過這樣的實例。但是「印相學」上，印章只用「名字」是很普通的事。如果是新的印章，表示最近去「算過印」，改了印章，或是內心搖擺不定。

印鑑如果是經年使用，老舖家對細微的事總會多加注意，或者認真型之企業家也很注意，這種類型的人，對家相、方位、流年也都相當顧忌。

(6)「羅馬字」或文字以外的圖案

這種印章在法律上不被認可，並無任何效果存在。

(7)過度按壓、或印泥太多

因爲印泥過多，而無法判別的印章，時有所見。這種印章常見於失敗的第二代經營者。常亂開「空頭支票」。又履有重蓋者，表示其人處於不安定的心理狀態中。

31 名字也有「投緣」與好壞

你喜歡自己的名字嗎？但討厭自己名字的人，卻意外的多。因爲名字並非你自己的選擇，是父母所賜。討厭自己名字的人，在成人中占多數。有一位中年男子，問其名，絕對只答「姓」。追問其名，露出微笑而不語。其實他的名字叫做「金平」，因爲小學時期的經驗，使她非常討厭這個名字。

不容易發音、或者音會讓人聯想到某種奇怪的東西，這種人對自己的名字一定很厭嫌。厭嫌自己的名字，與人交往一定顯出懦弱之形。消極、久而久之會出現彆扭的性格。反之，喜歡自己名字的人，人際關係良好，與人交往也順利，因此名字是非常重要的。

(1) 記憶名字、讓人記憶名字的智慧

人際關係的第一步，是從「名字」開始，與其說「您」「哪一位」，不如直接以名相稱，可以提高彼此的親密度。

一般成爲成功企業家者，對於初識者的名字，記得很快。或者擅於讓對方記住自己的姓名，有些實例，屢見不鮮。

美國推銷員教育老手，自己本身也是超級推銷員的法蘭克貝多加，在其書『推銷員轉敗爲勝的方法』中，介紹了如何記憶臉和名字的方法。他記憶名字和臉的方法，有三大要點。①印象、②反覆、③聯想等三個規則。能給予人強烈的印象，就容易記憶其名與臉。若印象模糊，則容易忘記其人之形象，遑論姓名。緣此，要讓自己的姓名和臉，容易使人記憶，須予人有强烈、與衆不同的印象。而愈平凡的名字、與愈平凡的臉，愈容易使人淡忘。反之，予人有個性的形象，即會留下深刻的印象。

「野末和彥」予人平凡感，但「野末陳平」，就給人突出的印象。尚且「陳平」發音爲chinpei，更附予强烈的印象，因此在參議院選舉時，他吶喊「chin chin chin 野末陳平！」使

其名聲更響亮，並强化了心理作戰。想予人强烈的印象，要從自己的名字開始，這是很重要的。自己的名字給予人平凡的記憶，或者是具有個性的名字。——若是個平凡不易記憶的名字，爲了强化印象，第一步應該是借助「名片」吧！沒有比名片使用頻率更多之物了，但可惜的是，以此心理來考量的人，卻是少之又少。

(2) 利用名片強化印象的方法

我們接受名片時，如果沒有多看幾次，大概都沒有辦法記憶下來，想要讓人一旦看見名片，就能馬上記憶的方法，就是將名字視覺化、加强對方的印象，這是一種創意的表現。

「雜誌之家」出版社的資深編輯「鴇巢」，其名怪異、不易記憶。爲了讓對方能夠輕易記住他的名字，於是想出了一個巧妙的方法。他在名片上印製一隻「鴇」，並附上插圖，寫著日本少數鳥類之一。然後在交予對方名片時說「這隻鳥的名字和我的姓相同」，如此一來，不但容易記憶，也給予人鮮明、親切的感覺。如果想更强化印象，在名片上附上相片，也是不錯的主意。

(3) 記住對方名字的方法

我們不僅要自我推銷、增加名字的印象而已。迅速記憶對方的名字，也能使對方大吃一驚，印象深刻。一聽了對方的名字，先把名字和臉連想在一起來增添印象。譬如：臉部有何特徵?是鼻孔大?還是戴眼鏡，髮型呢?將種種特徵連接在一起，就能加强印象。據說某一家老旅館，專門管理顧客鞋子的老手，只要看了顧客的臉，就能拿出顧客的鞋子。他看了脫了鞋子的腳，再注意那人臉部的「鼻子」的形狀來記憶保管，看了臉，看了鼻子形狀，就能找出鞋子，實在令人嘖嘖稱奇。

想記住名字，但不容易留下印象時，最好將那天的狀況也全部記在腦海深處。比如是誰介紹的？那個人的服裝？附近走動的人，全部納入記憶。

想記住兩人以上的名字，有一種特別的「印象法」可能有幫助。例如，在公司的會客室接見了三個人，接過三人的名片之後，沒有進一步的交談與溝通，很容易就忘記其人的名字，遑論記憶了。因此對他們進入會客室的初步印象，分外顯得重要。

首先最早「進來的人」，將他的臉、他的動作記憶下來，並記住他的名字。第二個人，坐在他隔壁的人是誰，另一個人說了什麼話，拿出香煙的是那一位等等，留意種種的狀況與印象，就能輕易記下姓名了。

(4) 積極的以自己的名字作公關

在和對方談話時，要讓對方記憶自己的名字，第一個方法就是反覆的說：「我是某某人。」不管遇到誰就說：「我是某某人」不厭其煩、鍥而不捨。反覆幾次，對方就會逐漸記住。只見過一、二次，再見面時，以爲對方知道自己是誰，不說自己的名字，只說：「某某先生，你好嗎？」或「某某先生，好久不見！」這不是聰明人的做法，最好的說詞是，縱然對方知道你的名字，你也應該說：「某某先生，你好嗎？我是某某！」這是最穩當、最聰明的方法。日本富士電視台新聞播報員，俵孝太郎在剛開始時，爲了其名不易記憶而焦慮，後來每天晚上，在播報新聞前，總是先說：「晚安，我是俵孝太郎」，如此經常反覆，不久就成爲家喻户曉的人物，披頭健甚至以模仿俵孝而聞名。

不論接聽電話，或者日常寒暄，都應該培養道出自己姓名的習慣。並且不僅是「姓」，連名帶姓的說出更具效果。

不僅在對談中反覆自己的姓名，與初見面的人交談，道出對方的姓名，不僅予以好感，也能幫助對方記住自己的姓名。

「我是山田三郎，請多指教。」

「請多指教，我是山田三郎。」

在兩人的對話中，擅於抓住對方的心理，對於記憶名字也有助益。下面是對話的實例：

「田中先生，你的領帶很漂亮……天氣這麼熱，結領帶很辛苦吧！甲中先生！」

這樣「田中」「田中」不斷的反覆，並加入談話中。而有時也要提提自己的名字。像這樣擅於對話的人，就屬ＮＨＫ電視台的鈴木健二先生了，他在談話中，絕不會說「你呀」「那位」「那個人」，而經常以名字相喚。

人際關係良好的人，永遠對別人的名字表示關心，對於記憶他人的名字，和讓他人記住自己的名字，均非常努力實行。做爲推銷員的第一步即是「名字」。

32 孩子的命名

爲了孩子命名而煩惱，不僅是日本人而已，嬰兒命名的參考書『名字辭典』，在法國、美國，均是不爲人知的暢銷書。歐美人士在爲自己孩子命名時，也經常把聖經拿出來做參考，或是從命名辭典中調查名字的來源，找出適合自己的孩子，並符合父母願望的名字。

至於日本人在爲孩子的取名時，是如何進行的呢？

差不多兩年前，某保險公司做了「你對孩子名字的筆劃是否介意」的問卷調查，結果，在東京周邊約四二%，大阪四八%的人回答非常的介意。爲孩子命名，兩個人當中，大約一個人會依靠「姓名判斷」，或受某種的影響。

「姓名判斷」是以名字的筆劃來占卜吉凶。這數字的吉凶，究竟從何而來，並不清楚，但筆畫卻因派系不同而有所差異。

重視孩子教育者，其關心方式比較合理。但有些對孩子的命名，顯然有些不合理的想法，譬如，因喜歡某紅明星，而以其名命之。或模仿電視劇的主角之名來命名，真是五花八門，見怪不怪了。

關於「名字」的研究，在歐美也逐漸風行起來，直接的動機是，一九七〇年在英國科學雜誌『科學月刊』九月號，介紹了一篇「予人親密感的名字」的研究論文。調查了寄宿女學生的名字，什麼樣的名字不受人歡迎的心理調查。調查結果，容易記憶的名字、普通的名字，越受周遭的人歡迎與親近。

如前所述，名字也有其表現的形象，例如，名喚伊莉莎白的人，有女明星伊莉莎白泰勒、英國女王等有名的女人，如果取了同名的學生，不具其特別形象的話，對這個人的性格與人際關係均有負面的影響。

又根據美國心理學者的報告，名字不易發音、難以理解的學生，煩惱較多，成績表現也較差。

瑞士有名的心理學家保羅・克爾尼克，以名字的心理、社會的意義爲前提，發表了『命名的心理』這本書。他在書中敘述，如今名字已不單純只是「名字」而已，對孩子將來人格的塑造，有影響其性格發展的要素存在。只重視筆劃的日本傳統命名方式，或許有值得深思之處。

33 命名之三大原則

那麼，命名究竟應該注意什麼呢？爲誕生於二十一世紀的孩子命名，我想至少必須遵守以下三大原則。

(1) 容易發音的名字

好記的名字，並且讓孩子本身也喜歡自己的名字，因爲這是讓周圍的人親近的關鍵。

(2) 有含義，可以說明的名字

命名象徵將來的希望，也象徵父母的願望，說明命名的原因，除了可加强孩子本身性格外，並有讓他更具自信的效果。

(3) 譯成英文、短文漂亮的文字

今後的世界越來越國際化了，到國外發展的機會也越來越多。而在國外必須擁有英文名字，再也不能使用漢文名字了。

譯成英文，必須注意文字的發音。日本獲得諾貝爾獎的江崎玲於奈先生，他不僅活躍在國際上，他的名字也具有令人親近的要素。「玲於奈」，以漢文來唸，並不好唸，但譯爲英文卻容易發音，「玲於奈」（Lion），是歐美——「獅子」的諧音。

馳名國際的日本人，他們的名字都頗具國際性，而且非常響亮。在國際服裝界擁有盛名的森英惠（Hanae Mori），聽起來有法國的味道，一般以MA、HA、KA和A爲開頭的音，歐美人比較喜歡親近。

新力牌董事長盛田昭夫先生（Akio Morita），是一般歐美容易記憶的名字之典型。前年在全美高爾夫球賽造成轟動的青木先生，也是美國人容易親近的典型。不僅被譽爲魔術推桿，而他的名字Aoki，在美國發音爲Eioki，開頭是英文字母的第一個音（A）。在美國經營紅花餐廳連鎖店的億萬富翁洛基——青木先生，他本來叫做青木廣彰，英文拼爲Hiroaki Aoli，是不容易記憶的名字。

國際政治學權威，日本慶大教授神谷不二先生，他的兩個兒女的名字，從字面意義來看，是頗具國際性的名字。例如長男「萬丈」，長女「百子」，初看並無兩樣，但萬丈（Matike）用英語或德語式來讀，發音容易，並且容易記憶。而且孩子名喚（Matike），據說呼喚時，會感到神清氣爽、精神百倍呢！

34 追求類似事物之心理

不論是異性朋友，或同性朋友，讓人喜歡，又容易親近的人，其臉型、講話的方法、人品等大部分都有類似之處。若再詳細追究，則自己喜歡的人，泰半都和自己有些類似。圓臉的人被圓臉吸引，活潑的人喜歡和活潑的人在一起，更愛話語投機的朋友。

若認爲自己本身條件不錯，當然希望對方也具備同樣的條件。例如：眼睛漂亮、有自信的人，也會追求眼睛漂亮的人做朋友，喜歡音樂的人，喜歡結交擅長樂器的朋友，同樣的，也會被某種音樂，或喜歡音樂的人吸引。這個在心理學上稱爲「物以類聚」。對自己的頭髮有信心的人，對頭髮不漂亮的人不表欣賞，但對頭髮漂亮的人，立刻意氣投合。穿同樣的T

恤，帶著相同的髮飾，希望擁有相同的東西、相同的想法，彼此心儀。心儀的對方擁有什麼，自己也須具備才能安心，亦即所謂的「一體感」。

至於心儀的彼此，究竟是那裡相似才會投緣，一般認爲有以下幾點。

(1) 外表、身材相似

對方的臉型、身材、與自己所了解的特徵差距很大時，即與之不投緣。例如：外表挺拔，對自己身材有自信的人，自然會追求身材好的人做朋友，追求異性朋友亦然。

(2) 性格相似

性格外向，做事乾淨俐落的人，其對象以個性外向者比較適合。一旦與慢郎中共事，則會顯得焦慮。外向或具有社交性的人，如果對方不具相同的條件，則心情也不會一致。

35 追求不同事物之心理

相似的彼此很投緣，其心理可以理解。但選擇朋友和戀人，卻不一定會選擇和自己相似的人。因爲人們的投緣性，不僅會喜歡與自己相似的人，有時候具不同氣質的人，反而更具吸引力。在人們的心中，與自己正相反的部分，更具吸引力、的確有不可思議之處。像是不喜歡自己嘴型的人，會鍾情於與自己嘴型不同的人。介意自己性情晦暗的人，會憧憬性情明朗的人。身材矮小的人，會選擇身材比自己高的人做情人等。並且在日常生活中，從性格不同的朋友處所學習到的，可能會比性格類似的朋友處得到的要多。

開始時，與性格迴異的人交談，會有焦慮或爭吵，但隨著時間的挪移，在彼此持續之交往中會有「他的個性有點晦暗」、「他說得有道理」等聲音在心中迴響。自己心中煩悶時，會想得到性格明朗的朋友的安慰。自己有所迷惑時，也盼望得到性格不同的朋友的建議。在心理學上，即所謂的互補作用。

兩個個性不同的人在一起，能夠情投意合，在心理學上稱爲「互補性」。個性遲疑的人與性情明朗的人結合，會壓抑其心理之不安。反之，個性明朗的人，若與個性遲疑、神經質的人結合，做事也會比較慎重小心。

36 一見鍾情心理

看一眼即情不自禁的愛上一個人，没有比這種戀情更令人不可思議的。但對於自己喜歡的人，也會有突然厭棄的情形。

在滑雪場，對教練一見鍾情的女學生來說，讓雪燃燒著一般男子漢的臉，雪白漂亮的滑雪衣，在陡斜的坡面，一口氣勇敢滑下的美姿，這時對這樣的男性，充滿崇拜性的好感而難以忘懷。回到東京後，情不自禁的打電話、寫情書。

「我喜歡你，我非常喜歡你！」她時常在夢中，如此夢囈著。那年夏天，她利用暑假再度到滑雪場，並找到他的家裡。這時卻看到一個蓬首垢面、雙手污穢、穿著工作服、操作著耕耘機的男子。原來他就是冬季滑雪場、那神勇英武的滑雪教練，但是夏天的他，與冬季的他完全判若二人。

她對他好生失望。雖然在冬季滑雪場一見鍾情的「他」，和在夏天田園耕作的「他」是同一個人，然而在冬季滑雪場，她表示喜歡他，但對夏天見到的他，卻面露厭嫌之色。

喜歡人，一見鍾情，並非愛上那個人的人品，只是對那個人的個性產生興趣，只是對當時環境所營造的氣氛，直接反應出來的喜歡或討厭之情。

加拿大一位心理學家，做了一種有趣的實驗，在風景優美的兩座橋上，針對女性做了一次問卷調查。一個是堅固的現代鋼筋水泥橋，一個是古樸的吊橋。在吊橋上做問卷調查，想知道調查結果的，以後可以打電來詢問。而整理這些問卷的心理學家發現了一個有趣的現象。那就是問卷調查後打電話的人數，在吊橋與水泥橋有顯著不同。在吊橋上碰到的人打電話的比率較高。在水泥橋上，人的心不易動搖，要一見鍾情的比例低。相對的「吊橋」因爲地理環境特殊，會提高二人之親密度，愛上對方比率也高。情人們約會看電影，總是選擇具有特殊氣氛的場所，也是從人類心理考慮而來。

我們會喜歡一個人，實在是沒有道理可循，當事者也無法了解。而爲了找到真正合適的對象，如果以一見鍾情的方式來選擇情人或結婚對象，是非常危險的。

日本以及美國，近年來離婚率越來越高。而離婚的人，泰半是十幾歲就結婚的年輕人。十幾歲結婚的人之共通點，即與對象結緣的動機，幾乎都是一見鍾情。迅速燃燒的熱情逐漸冷卻，開始介意對方的缺點，交往中沒有發現的短處、性格上的缺失也慢慢的暴露出來，於是不久即走上離婚之途。

37 如何正確看對方

人與人之邂逅，對對方持有好感，亦或與對方很不投緣，很意外的會受外來的因素影響，因此不論異性或同性，喜歡對方後，必須仔細考慮下列幾點。

(1) 不要只相信外表

我們對人的第一印象往往並不正確，大多數受服裝、飾物、外表、周圍環境，以及當時的氣氛所影響。一見鍾情、是喜歡外表和氣氛所致。男性愛上空中小姐的相當多，但是空中小姐換上便服也只是個平凡女子。

也就是說男人之喜歡空中小姐，只是爲最初的視覺所影響。

(2) 看人的錯覺

對演藝人員瘋狂著迷的女性，其實並非對其性格了解而熱衷，只是看演藝人員在電視中的表演而入迷，將演員誤認爲劇中人之故。

然而若實際上與演藝人員交往，大部分的人會感到失望。那是將連續劇之劇中人，形象完美化，而實際的人卻無法達到標準的原故。

(3) 情人眼中出西施

俗云：情人眼中出西施，只要看對眼，再醜、再難看，甚至「天花臉」他都當成是笑紋。喜歡上一個人，那麼他的一切均是美好的，無法以正確的眼光來看。心理學稱之「後光效果」（背光效果）。喜歡一個人，在冷靜時才能以正確的眼光來看，否則連對方的缺點也看不到。

所謂旁觀者清，當局者迷。因此喜歡一個人，不能只用自己的眼光來判斷，有時候也應該參考別人的看法，這是很重要的一點，對於朋友、前輩、雙親的想法，也必須執耳傾聽。

4

日常活動所表現的性格

38 「等人」「被等」諸類型

因工作之故，與人相約常常會有等人或被等的經驗。那麼是被等，或等人，這其中將其性格表露無遺。

有一個放高利貸的人，將借貸人帶入接待室後，故意讓他等待。放高利貸者，在房間牆壁的小洞中觀看。並觀察借貸人的模樣。在等待期間的焦慮和人的表情，最能表露出其人之真正性格。據説此時來借款的人，是否會積欠不還，等待期間的表現，是條可貴的線索。

坐立不安，或不停在房間走動者，是很著急，急須要錢的類型。並且據説這種人，借錢很熱心，還錢喜拖延，信用不佳，是積欠不還類型。

靜靜坐在椅子上等待者，是有責任感的人。

放高利貸者，在讓借貸者等待時，會命人端出茶點招待。並且放有大小不同的餅乾和果類。並注意借貸者食用的方法。首先觀察他先拿什麼東西。

在各種大小餅乾中，若先拿最大的餅乾食用者，他就不借他。因爲這是虛榮、浪費的典型，若借他錢，恐怕會一擲千金，所剩無幾。

而先食用最小的餅乾者，他就放心的借給他，因爲被判斷爲有借必還之類型。

而放高利貸者，偶爾也會發現借貸者偷偷將餅乾放入自己的皮包或口袋中。這時，放高利貸者，看到這種人，就會走入房間說：「讓您久等了……」「你想不想做生意，資本全部由我張羅」，因爲他看準這種人，若是自己做生意，是一定會成功的類型。

「等人」的情況有種種的特徵，一個人究竟有多大的耐心等待，這是個很有趣的問題。因此星辰表著手進行了一項有趣的調查。

據調查，因工作關係等待的限度，答「三十分鐘者」約占全體四六・四％，近半數。答「一小時」者約占二七・五％。

至於因爲做生意的關係，或工作上的約定、招待人，或被招待，「遵守的時間與方式」也會有所差異。

負責招待的一方，爲了禮貌，最少會在十分鐘前到達。相對的、被招待的一方，爲了考慮招待者的心理，大約會遲個五分鐘左右，原因是爲了給對方安心感。

人們等待的心理，焦慮的程度，會根據場所與狀況而有所不同。上醫院看病可以等，但最不能等待的，可能算是電梯了。等了三十秒以上即開始焦慮。東京人遇到這種情形，會乾脆走樓梯。而大阪人會不斷的按電鈕。

長子屬「穩重」型。而次男就屬不耐等待型。自古以來有此一說，即「悠閒的長男、急躁的次男」。樂天派、悠閒類型的人，對等人不會有抗拒感。胖而悠哉的人屬「坐立不安」型性格，討厭被時間控制與束縛。因此不遵守時間的人，若與肥胖的人有約，最好要了解這一點。

反之，削瘦型的人、較神經質，非常介意約定的時間，在約定的時間等待，則會胡思亂想，十分介意。而這種類型的人，是瘋狂愛打電話者。

身材健壯、做事一板一眼的人，非常遵守時間，嚴以律己嚴以律人。由此可見，每個人的等待限度均有個別差異。

39 從等待和走路的方式看性格

〈等紅綠燈的姿勢〉

現在的交通正進入黑暗期，由此在街角等紅綠燈的人多了起來，而等待紅綠燈的姿勢也千奇百怪。

(A) **把腳踏出道路等待的人**

屬於行動派的人，但稍顯輕浮，與人交往友善親切、是推銷員型人物。

(B) **點踏鞋子等待的人**

是神經質類型，相當有藝術感。這種類型的人，對於繪畫與歌唱具有天份。

(C) **仰首等待的人**

這種人屬於冷靜型，數理能力優異。

(D) **俯首等待的人**

會隨人擺布的好好先生類型、做事消極，若無人吩咐不會主動做事。

(E) **一直看信號燈、信號燈一變馬上行動的人**

這種人心機較深、對事物均有合理思考。不易人情所動。對事情只重理論，是汽車駕駛高手。

〈走路的方法與習慣〉

沒有比走路的方法，更可以看出人的種種差異。因此從走路的方法，可以正確的判斷一個人的性格。與情人約會時，稍稍離開幾步，注意你的他（她）的走路方式吧！

(A) **步伐瀟灑的人**

工作能力强。但若是女性，婚姻容易起變化，必須要小心。

(B) **步伐中規中矩的人**

走路時，腰腹用力、腳心用力踏實的人、工作能力强、身體健康、個性圓滿。

(C) **步伐緩慢的人**

這種人個性非常悠閒。

(D) **走路時，頻頻回頭的人**

這種人心裡不穩定，缺少與人協調的心情。

(E) 拖著步伐走的人

這種人，沒有子女運。

(F) 踏著跫音走的人

樸素、正直、但稍顯懶散。

(G) 搖晃肩膀走的人

這種人缺少常識、很容易做出奇怪的事。

〈約會時，等待的態度〉

如果與人約會的話，通常都會比約定時間早到。假若你是女性的話，不妨躲在隱密處觀察。因爲男性愛面子，人前人後態度可能有所不同。大概十～十五分鐘就可以仔細觀察他的態度了，是須要一點勇氣，但橫著心，試他一試吧！

(A) 手貼在嘴巴等待的人

在等待的期間，感到無聊的狀態。不過這種人，可以說做人相當熱心。

(B) 雙手交叉等待的人

比約會時間來得稍早些，這種態度，表露出對方可能將要到來的心情。而這種人個性比較頑固。

(C) 把手扶在另一手臂等待的人

以這種姿勢等待的人，女性比男性多。如果是男性的話，個性有一點女性化，依賴女性的心理强，但是這種人等久了他不會生氣，不會埋怨。

(D) 雙手輕輕貼住身體

這種類型的人非常守時。一定會在約定時間到達，身體强壯，信賴度高。

40 對等待者之觀察術

對方在會客室等待時，也是觀察、研究對方的好機會。如果他（她）只是喝茶，什麼事都不做，這種人人際關係不佳，比較不能掌握商場機會。

一進入會客室，先看看牆上的日曆表，再看看桌上的火柴盒。大部分的公司，都會購買這兩種東西來使用。或許是有關企業所贈送。

看了這兩種東西，就可以大概了解公司與銀行的交往情形，所來往的是什麼公司，由這個小地方，就可窺知一、二。

稅務機關有經驗的調查員，首先都會注意這兩點，也是其來有自。

那是因爲從日曆所附上的「記號」與備忘，可發現一些重要的關鍵。也可能是該公司一些重要的決定，隨手所記之事。

火柴盒上銀行的名字，常與日曆上的銀行不同。如此一來，也可以知道該公司主要往來的銀行。

一般而言，牆壁上的日曆是重點之物，是比較重視的銀行。火柴盒的銀行是次要的銀行，因此無意識中，比較重視日曆上的銀行。

至於和日曆同等重要的東西，我們可以看看房間放置的時鐘。時鐘停擺，不是公司內人事管理不徹底，就是公司某單位有懶散之處。時鐘正常擺動，指出正確的時間，那應該表示公司人事關係很安定。

另外，由公司派出接待的女職員，亦可看出端倪。她們端出的茶，是有茶墊的茶碗，亦或端出無茶墊的茶碗，應該仔細觀察。

訪問的公司之會客室，有的布置有相片、獎杯等裝飾物。從這些裝飾物，可以大略看出經營者的人品與特徵。會客室可以說是公司與來訪者第一線之接觸地，也是可以表現該公司特色之處。如果董事長喜歡打高爾夫球，可能會擺設一些紀念獎杯，名譽職稱多的人，則一定張掛著種種的獎狀。

客人所坐的正面，通常會有一些醒目之物，如主人感到最滿意的獎杯、獎狀等，必須加以肯定與讚美。

裝飾的照片，必須注意的不是基本人照片，而是與其合照的人。一般說來，與政治家一起拍照的人，權力慾强，自我表現慾求高。相對的，與演藝人員一起拍照的人，喜歡受周圍人的喝采，或是金錢慾求强的人，亦或是對自己的學歷和家世有自卑感的人。

至於裝飾在房間的扁額，必須注意其文章。有的寫著該公司的「家憲」或「社訓」。也有的表露該公司的信條口號與生活態度。

住友銀行某分支銀行經理室，在牆壁上掛著「三年内必贈米」的商訓。因爲不論生意成敗與否，從開始營業起，本店必須在三年期間贈米給分店，都是秉持這種精神來奮鬥。

接著，可以觀察對方開門進來的情況。開門有種種的狀況、也有種種的聲音。有的人靜靜的開，有的人慢慢的開，有人在開、關門之間花了很長的時間。因此在談話之前，首先看看開門的態度。譬如開門不發出一點聲音的人，若是男性的話，可能帶有女性氣質，看似溫柔，但也有奇怪之處，譬如個性稍顯彆扭，如果招惹了這種人，你可就得注意了。但若是女性，性情溫和認真，是屬於溫柔之類型，不易發怒，心胸寬大。

起初開一點點，然後快速打開者，是能幹型，凡事能替對方著想、容易交往的類型。若將自己的煩惱告訴他，他會很認真的幫助你。

慢慢走過來，在門前停一下，再打開門，做事情有條不紊的典型。遊玩時，大吵大鬧，但做起事如拚命三郎，對不了解之事，必會徹底的研究、很熱心。但年紀小的部屬，有時會對他敬而遠之。

接著，我們來看關門的動作。

兩手關門，並再確認有無關牢者，是非常嚴謹的人，不能容忍一絲絲的錯誤，是完美主義者，滿腹牢騷，但喜歡人褒獎，對金錢斤斤計較。

關門後，轉身「早啊！」這種人有溫柔之處，非常希望大家都喜歡他。過分介意周圍的人，不會責備部屬，經常會錯意，而且常會遺忘東西，是有些迷糊的類型。

「啪！」的一聲關門的人，很能幹、有些任性，但容易見異思遷。早上一件高興的事，可以整日微笑著。但若有一點不滿意，也會毫無掩飾的表露在臉上。女性的話，是歇斯底里型。無啥大不了的事，也會埋怨連連，要仔細看其臉色來判斷。

關門留下一些空隙者，是樂天派、爽朗、有幽默感的人。平常與其交往不覺特殊，但遇到困難時，或離開之後常感懷念的人。有困惑時，他會成爲你的商談對象。陪你一起落淚，一起渡過難關，把煩惱告訴他，是最慷慨的解囊者。

41　從電車中的姿態看女性的性格

(1)　靠近門邊的人

在電車中站在靠近門邊的女性，是最能表露個性的人，不與周圍的人妥協，絕不認輸。反之，也是超級內向型，有這兩種極端的典型。超級內向性的女性，在行車中，眼睛會不斷注視著窗外，這種類型的人對異性很客氣，對性愛尚懵懵懂懂。而靠著門邊，向著內側的女性必須多注意。玩樂心強，並對自己的嗜好很清楚。而健壯、英俊的男人，是自己喜歡的性愛對象。

(2) 吊著皮帶的人

Ⓐ 不拉吊環，只抓住皮帶的人

神經質、有個性。有時爲芝麻小事而介意。常常爲一些奇怪的事煩心。不喜歡參加一般的邀請。只關心年輕的男性，喜歡主導性的性愛關係。

Ⓑ 拉住兩個吊環的人

屬於開放的少女類型。喜愛熱鬧的場合，要與其做愛，不如和她喝酒、跳舞、玩樂。對性愛很淡泊。

Ⓒ 四根手指掛在吊環上

正確的說，是將手掌掛在吊環上。手掌心向窗户，這種女性屬於社交型。喜歡運動式的性愛，不介意細微小事，從交往到發生性關係時間短。而手掌向內吊著，或向著側面的女性，是慎重矜持的典型，不會輕易允諾約會。而一旦答應，就會一直加深交往。

Ⓓ 只掛二、三根手指在吊環的人

這種類型的女性，喜歡比自己年紀小的男性和朋友。並喜歡與多數男性談戀愛的刺激感受。即使和男友一起坐電車，也會盼望著周圍男性的注意。無法忍受不被注目的落寞，會歇斯底的追求身邊的男性。

Ⓔ 用五根手指緊緊拴住的人

能控制自我慾望的類型。雖有慾求，但能壓抑、自制力强、追求精神上、拍拉圖式的愛情，對異性以外的人事物也持關心的態度。

(3) 不抓住任何東西的女性

雙手提著東西，而什麼也不抓的女性，對自己的身高有自卑感。介意周圍人的眼光，無法直接了當，清楚的表達自我的怪異型人物。但兩人單獨相處時，卻又熱情洋溢，充滿著隱藏的慾望。

42 打招呼的方式

(A) 舉手打招呼

高高的舉起雙手大聲説「早！」或「某某先生早！」的人，只屬於好管閒事的社交型人物。與誰都能融洽相處，遇到不愉快的事，馬上抛到腦後。

(B) 低頭打招呼

打招呼中，不知不覺的低下頭説「你好！」這樣的人是乖順內向型。自己想要的事物，卻經常隱忍壓抑，不敢逾矩，害怕寂寞。

(C) 下巴點一下，表情少的人

打招呼時，不低頭，只是把下巴點一下的人，有著不認輸的個性、稍顯怪異。不願對晚輩低頭、心中不滿的人居多。

(D) 跑到身邊、搭肩說「你好！」的

這種類型是撒嬌型，很喜歡對人撒嬌，有任何不悅之事，馬上顯現在臉上，對於失敗耿耿於懷。

43 在宴席上的人物判斷

參加新年的宴會，交換名片時，從在場人士的服裝、動作，不難探知其人的性格。其次，如果仔細觀察每個人在會場中站立的位置，在什麼地方吃飯，有時候也會發現一些有趣的現象。不僅在新年宴會上，普通的雞尾酒會，也可以看到同樣的情形。

(A) 站在宴席中央附近的人

喜歡站在最受人注目的中央位置的人，是意識著周圍的眼光者多。希望他人注意他的存在，自我表現慾強。如果是女性的話，希望有人找她談話，也想找到認識的人，因此站在較醒目的中央位置。對自己的身材與地位頗有信心，在宴席上確信自己比他人優異，因此會站在中央位置。

(B) **站在宴席的角落的人**

謹慎、小心翼翼，觀察有沒有自己熟悉的人，也看看會場的狀況。一直站在角落的人，期望有人來接近自己。和看來面熟的人，可以輕鬆對談，但社交性比較消極。

(C) **宴席上四處走動的人**

在宴席上，想和任何人親近，有目的的想和參加宴席的人結識。只重視對自己有利，對工作有幫助的人，是屬於亂發名片、勢利的人。

(D) **只與同性說話的人**

不與異性交談，只找同性說話，是沒有自信、或消極的類型。介意周圍的風聲，對異性深懷戒心，有時想說真心話，卻因過於小心而錯失。

(E) **比宴席時間更早出現的人**

對宴席期待高，或者是很重視主辦者之故。介意周圍的氣氛，具有小心翼翼的性格。

(F) **常常遲到的人**

這種類型分為二種。一種是具樂天派的性格、容易見異思遷，不計較細微小事、個性爽朗。另一種是有意識的故意遲到，這是一種自我主張、或具警戒心的人。想要給與會者一個強烈的印象、這種人個性喜歡挖苦人，而不坦直。

44 抽取紙巾的方法

抽取紙巾的方法，可以表露出一個人的特徵。有的人將裝紙巾的塑膠袋，「啪」一聲用力打破，有的人不發出任何聲音將它撕破。還有的人將塑膠袋口撕破再取出，男性和女性有不同的習慣。

「啪」一聲用力打破，發出很大的聲音者，被視爲顯示其男性氣概，並隱藏著引人注目的心理。有這種心理的女性顯得矯情，如果在初見面的男性面前表現此習慣，予人之好感會立刻破滅無蹤。

不僅紙巾而已，咖啡店裡，放在餐桌上的糖包、吸管、蛋糕紙等如何處理，都可以看出其性格。不發出聲響、有條不紊處理的人，被視爲懂禮儀、性格溫和的人，但稍稍有介意周遭氣氛的心情。

45 從並排的位置可探知性格

兩人並排而行，或坐在椅子上，其間之小動作有種種類型。二人並排而行，有人一定要走右側，否則會感到焦慮、不習慣，會自然的走到對方的右手邊。反之，也有人習慣靠左側而行。

某電視台的一個節目，曾經對東京原宿人走路的方式做過調查，兩人並排時，男性右側占三八％，女性靠右側占四二％。而這個位置是依照自己的嗜好或習慣而定。一般而言，不管與誰並排，喜歡右邊的人靠右側，喜歡左邊的人靠左側，不僅是男女同行時，男同伴、女同伴，亦有相同的傾向。

前美國總統雷根和日本前首相中曾根一起拍照時，讓出右側給中曾根首相，這是接待客人，表示尊敬之意。讓客人站在右邊拍照是典型的例子。表露出信賴與敬意的意思。一般站在右側的人，自我本位强、性情頑固，以自我爲中心，不考慮他人的立場，是自我意識過强的人。反之，靠左側的人是妥協型、有順應力，雖有些討厭的人，但仍然想辦法去配合他。

中曾根首相經常與來訪貴賓合照留念。他的癖性喜歡站在右側拍照。周遭的人紛紛慌忙敬告，他才改變位置，其性格也表露無遺。

站在左側的人，想依靠他人的意識强，或認爲對方是重要可依賴之人，在自己心中佔了很重要的位置。因此，一般說來，站在右側的人，泰半擔任重要的角色。

站在右側的人，對於對方的信賴有滿足感，亦感喜悅。這種類型的人，不喜歡受支配，若無以自我爲中心，不能滿足，自尊心强，行動力迅速。

若是有三人並排時，站在最右側的人，擔任領導的地位，支配其他人的願望强。只有對方依照自己的擺布，方有安心感。

46 威壓對方的姿勢

在人際關係上，表露最清楚的特徵，就是威壓對方的時候，爲了表示自己的堅强與權力，與其用語言，不如選擇一些小動作。它擔任極其重要的角色。爲了表示自己的比對方强，政治家的與暴力集團，經常採用這種小動作來示威。臉的方向可以威壓對方，抽雪茄的方式也是其一。

(A) 用雙手圈住雙方的手的握手方式，是想掌握對方的一種暗示，極具影響力。因爲手若受限於人，就無法隨心所欲，爲所欲爲了。

(B) 拍肩膀的動作，是希望對方能依照自己的想法，想帶動他的暗示。不僅如此，也是激勵對方的動作。像棒球監督或教練，拍關鍵球員的肩膀，也是具有這種心理作用。

(C) 講話時，將手掌攤開給對方看，拇指伸直，對方會被你手的表情吸引。竹放在膝蓋上，談話的威壓即會削弱。

(D) 拗折手關節的動作，是證明男子氣度的舉止。有些人在打架前，常常採用這種小動作。這種顯示力量的動作，是利用聲音來表現他的力量。不僅用手指關節發出聲音，用舌頭發出「喳！」的聲音，也具有同樣的效果，這種聲音，和看到好吃的東西，發出打舌的聲音有些類似。

開，嘴巴緊閉，深坐入椅的人，會覺得眼前的對手不是對手而惋惜，爲如何緩和對方的心情而困惑。

(E) 雙手交叉、兩腳攤開，坐在椅子前沿的人，會被對方所吸引。而雙手交叉，兩腳攤

47 以猜拳看對方性格

「人有種種癖性」，我們在觀察人時，仔細揣摩其癖性，對了解人性有相當的幫助。

我們來猜拳，「剪刀」「石頭」「布」。曾經有人對三〇〇個人做了實驗，明白了猜拳可以表露出一個人的癖性。看起來很多，但實際上出「布」的人只占二〇％而已。出「拳頭」是最多的人，喜歡出拳頭者、有耐力，想擁有自己的想法，嗜好清楚、做事小心謹慎。

出布的人是樂天派之行動家。不介意細微末節，社交性優異，充滿工作意願。又在出布時，拇指伸直的人，精力充沛、充滿朝氣。

出剪刀的人僅次於出拳頭的人，看來好似不認輸，但卻具有順應力，與人交往適時適地、適可而止。但做事過分勉强，別人不願意做的事，他總是想辦法一肩挑起。

48 拿咖啡杯的方法

每個人持咖啡杯的方法，多少有些差異。尤其注意拇指和小指，會發現許多有趣的現

象。女性將口紅印在杯口後，如何善後，可以看出其人的家庭教養。沾了口紅印立刻擦掉的人，做事懂得分寸，較少失敗。沾了口紅不去理睬者，生活比較隨便。

(A) 左手持杯墊，右手持杯子

以這種喝法持杯者，泰半是中年女性，要不然就是家教嚴格的女性。這種方式雖不是正式的禮儀，但這類的女性做事知進退，自我要求嚴謹，縱使有機會也不會輕舉妄動。但是容易被奇異的男子所騙，而被騙後方知性愛之樂趣。

(B) 以食指、中指、拇指緊緊貼住杯子

這種類型的人，以自我爲中心，是自我主張型。做事循規蹈矩，卻不懂得享樂。這種類型的女性，過度保護自己，因此不喜歡與情人出遊。是以家庭爲中心的典型，婚後喜歡將丈夫約束在家。

(C) 以拇指、食指持杯、其他手指攤開

雖是最普通型，但是讓對方容易心動的類型。喜歡美麗浪漫的戀情，不喜歡無謂的交往。認爲與其單獨約會，不如集聚一堂，大家熱熱鬧鬧。屬於悠哉型，但有順應力。依著男方，可以配合其嗜好的女性。

(D) 小指直伸的類型

關心遊樂之事，表情、小動作均高尚文雅。這種類型的女性，性愛極强，喜歡强烈的

吻，經常過度自慰，在其脖子或耳旁輕輕吹氣，即會引起其激情難禁，一般說來，背肌很性感，唯沈溺於婚外情而不能自拔。

(E) 小指貼在杯上

這種類型討厭受人束縛，一般的男性無法滿足他。自認非常了解男性，深知男性的弱點，但卻在不知不覺中，陷入對方的陷阱之中，無法屈於家庭，是危險性很高的女性，學會遊樂，即沈迷其中。

49 使用筷子的癖性

我們每天都在使用筷子，但每個人的拿法卻有差異，仔細觀察男性和女性的拿法，可發現很多有趣的現象。

(A) 緊緊遮住小指和無名指的人

這種類型身體狀況良好、心情穩定、有行動力，具責任感、信用佳。尤其是女性，具有這種拿法者，生活規律、樸素老實。男性的話，是有耐力、有理想之有為青年。

(B) 小指伸出的人

體質容易疲勞，容易焦慮，常為細微小事費神，但若是女性的話，自己雖無自覺，但卻有一種隱藏的魅力。男性則有歇斯底里，睡眠不足時最常看到這種類型。

(C) 用食指支撐兩支筷子的人

大多數的人都是用一根食指；與一根中指來持筷。

但這種人只用一根食指來持筷，是一種很笨拙的持筷方式。

這種拿法的男性，孩子氣，有些任性，具反抗性，但在藝術和文學方面，能發揮特殊的才能。

50 說話的癖性

說話的姿勢因人而異。有人講話用手遮住鼻子，有時人說話小動作特別多，大多隱藏其本來的性格。

(A) 說話邊加動作的人

男性的話，有一點任性，自己的意見若遭受反對，容易沮喪。女性講話加一些小動作，喜歡照顧別人，是活潑家的類型。

(B) 用手貼住口鼻說話的人

這種類型的人，不論男女均屬內向型，心裡喜歡的人也不敢向對方表示，含蓄又保守。

(C) 雙手交叉或手放口袋的人

相當自信，也有一些做作。這種人好惡分明激烈，交友亦有偏頗的傾向。

(D)　抓頭、摸髮的人

個性溫柔，有體貼他人之心。這種人正直老實，不會做狡猾詭詐的事。

(E)　一邊講話、一邊塗鴉的人

這種人會專心一意的做一件事。心中有煩惱時，爲了整理心情而隨手塗鴉。這種人個性保守，不喜歡接受新的事物。

(F)　大聲高笑的人

性格明朗活潑、社交性豐富。但這種笑法，有時候並非發自內心的笑聲，故作姿態，其本心意外的窄小。

(G)　說話時眼珠不定的人

具神經質、心地狹窄、做事容易疲倦。

51　毛巾的擰法

擰毛巾的方法，也可以判斷性格。

(A)　圖①右手向上扭轉的人

易怒、任性、自我本位類型。但這種類型的人，各方面有成就的人多。女性會被大自己五歲以上的男性所深愛，男性則是大戀愛型。

(B) **毛巾橫放，像圖②般手掌向內側扭轉的人**

男性的話，心地稍顯狹小，但個性羅曼蒂克，是幻想家典型。縱然戀情失敗，也覺得「失戀很快樂」，有著奇怪的想法。

女性則是很體貼的人，是家庭型女性，結婚後，關心丈夫、照顧孩子，是從不考慮紅杏出牆之賢妻良母型。

(C) **像圖③兩手同時扭轉的人**

是充滿活力的活動家，無法靜靜守在家中，個性明朗，就算戀愛也採取爽朗的行動，這

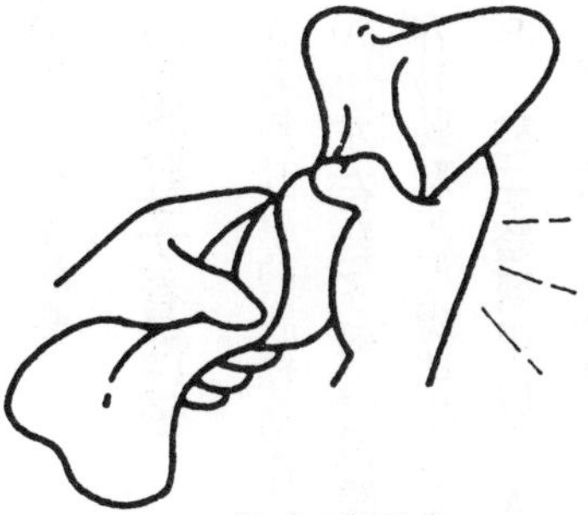

①右手用力

②左手用力

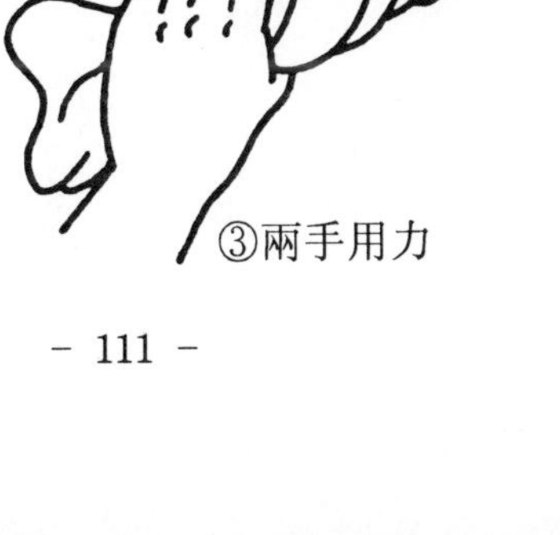

③兩手用力

種類型以運動家居多。

52 從脫鞋子看性格

在若無其事的脫鞋動作中，也自然的表露出其人之癖性。

(A) **左右鞋子離得很開的人**

容易動怒，但處理事情乾淨俐落。

(B) **鞋子整齊平放的人**

中規中矩、但個性消極，因此常爲工作碰壁而煩惱。

(C) **脫鞋似扇形的人**

此類型的人相當任性，一意孤行，我行我素者居多。

(D) **脫鞋擺反扇形的人**

脫下鞋子擺放如反扇形，並且左腳在前者，心裡沒有充裕的思慮，做事容易以自我爲中心。反之，右腳在前者，有一點陰陽怪氣的脾性。

(E) **亂脫亂擺的人**

如果是成人，脫鞋仍亂脫亂擺的人，生活紊亂，愛動壞腦筋，歪主意也特別多。

53 以鞋子磨損方式看性格

翻過鞋子、看看鞋底磨損的樣子，你會發現因人而有千種百樣。

(A) **兩邊鞋根內側磨損的人**

心地狹窄、個性懦弱。在人多的場合，馬上羞紅臉。這種類型的人，與其在公司工作，不如發揮技術才能。對異性有自卑感，容易失戀，因此以信件或電話約會，比較能夠成功。

(B) **左鞋內側磨損的人**

雖有實力，但容易焦急。因此常因急性而比約會時間早到約會場所，可是卻常常弄錯地方，是屬於唐突型。

(C) **右鞋內側磨損的人**

因個性太過悠閒而無法成功，做事總是慢半拍，因此，人多不理睬，到了中年會發胖的典型。

(D) **鞋子外側磨損的人**

屬於活動型，女性的話帶有驕氣不服輸，具有男性氣概。男性的話，是運動員類型，有一點失敗，也不會動搖信心，是人見人愛的典型。

54 打電話的癖性可了解性格

這也是判斷癖性的方法之一，看平常打電話的習慣，多少可判斷其性格。

(A) **雙手持聽筒的人**

是獨子撒嬌型，如果談戀愛，容易受情人的影響而改變性情。男性的話，有些微女性化，很小的事情，也會坐立不安。

(B) **聽筒稍稍離開耳朵**

自信强的人。女性的話，帶有傲氣，不認輸，具男性氣概。常見於模特兒、空中小姐的女性多持此個性，男性則少見。

(C) **夾著聽筒撫著電線的人**

浪漫派之幻想家，占用電話時間長的人。

(D) **拿聽筒下面的人**

運動員型，尤其男性常見。做事情乾淨俐落。

(E) **拿聽筒上面的人**

這是女性常見的拿法，有點歇斯底里，容易爲一點小事而悲傷，好惡分明，對異性要求多。

55 從打開易開罐的方式探知性格

打開易開罐啤酒的蓋子，因人的不同有各種癖性之差異。但從癖性可獲得各種性格的線索。首先我們來看看，拉開拉環時，朝著那個方向開，仔細觀察可以發現各種方式呢！

Ⓐ **拉環從左向右拉開……**

責任感强，決定的事一定努力不懈，人緣佳。個性爽朗，但意外的與朋友卻相當淡泊。看似溫柔，卻常常被視爲冷漠。

Ⓑ **拉環往下拉開……**

性格穩定溫和，人際關係佳，與人交往親切隨和，受到周遭人的歡迎，亦有其引人矚目華麗之處，只是不知不覺陷入其中。具有包容力和魅力。

Ⓒ **拉環從右向左拉開……**

屬於社交性性格。好好先生典型，溫柔的人情家，但害怕孤獨。常爲無法獨處而苦惱。因而經常追求新的刺激，嚮往輝煌的人生，對於這點過於任性是其缺點。

Ⓓ **拉環往上拉開……**

個性明朗大方，與誰都相處融洽，不認生，與初見面的人亦能配合。能提供廣泛的話題，在宴席上是受人歡迎的典型。有溫柔的笑臉，能吸引緊追不捨的眼光，魅力十足。

(A)

(B)

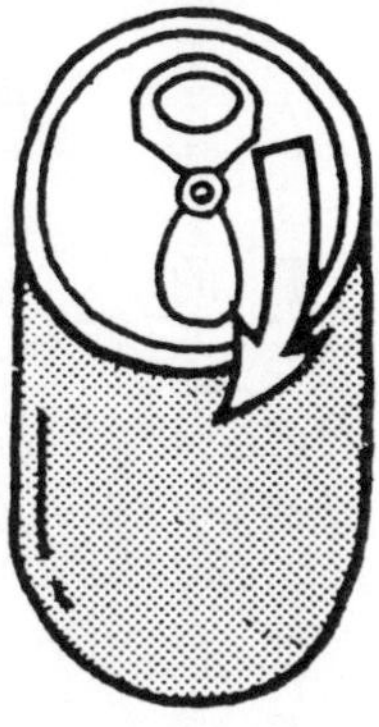

(C)

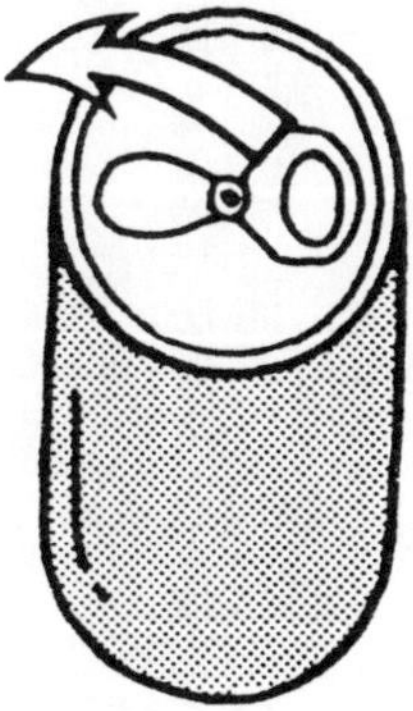

Ⓓ

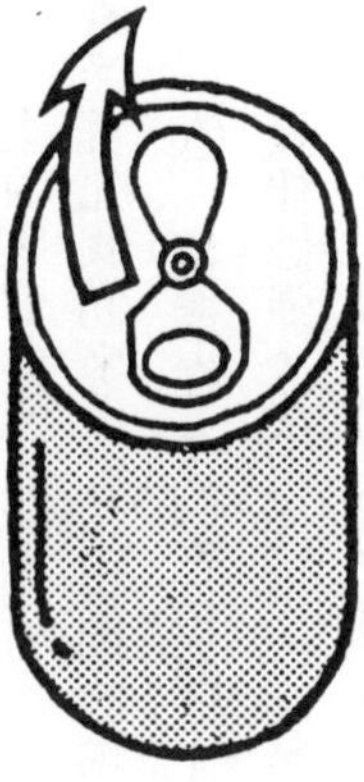

Ⓔ

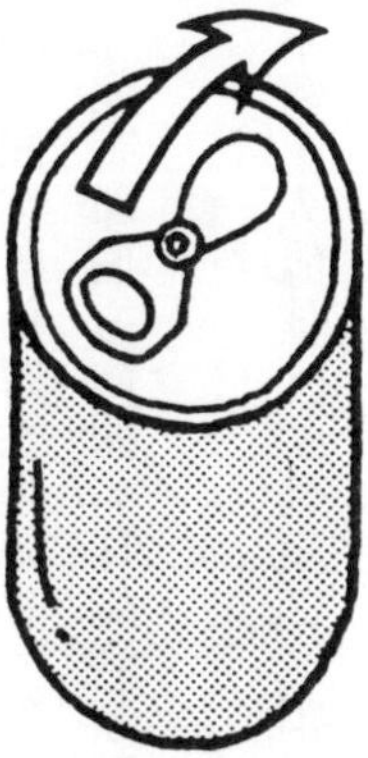

Ⓕ

Ⓔ 拉環斜向往上拉開……

性格激烈、不認輸。任何事若沒有照自己意思去做就不放心。並有强烈的志向。表現自己的長處，若無獲得好評，會再加倍努力。雖然工作乾淨俐落，但缺少彈性。

Ⓕ 拉環斜向往下拉開……

具有溫柔豐富的感受性。神經細膩，容易受傷害。對於他人的情緒，有敏感的感覺。懦弱、愛撒嬌，缺少自主性。若得不到別人的肯定，心情就不能穩定。

56 從持票方式可窺探個性

(1) 摸來摸去型

這種人行動消極、神經質、有潔癖。有細膩的思維，但缺少決斷力。雖然有時構想極佳，唯無實行力。

(2) 拿在手裡紋風不動型

個性爽朗、行動快速、具實行力之積極派。一旦決定，絕不輕易動搖、樹敵多，但有不畏艱難的精神。

(3) 夾在書本型

是典型的唐突型人物，做事莽撞，心情不穩定，容易相信他人，因而經常有受騙的情

Ⓐ Ⓑ Ⓒ

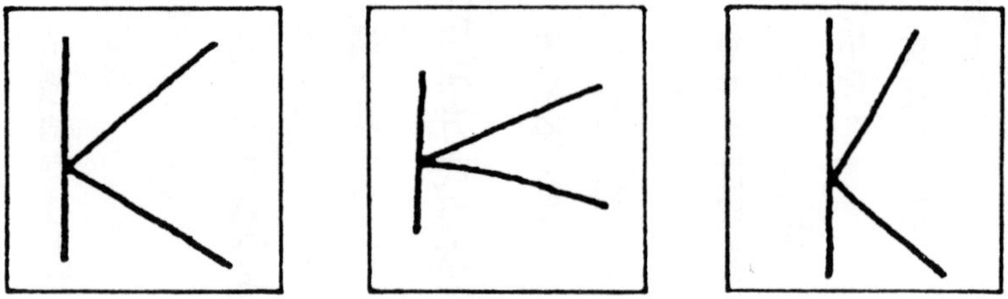

形。但本性善良，尤其談戀愛時異常大膽和熱情。

(4) **皮包收納型**

個性開放，與人相處融洽。表面上雖然很積極，但一旦要實行時，又顯得氣弱，做事經常半途而廢是最大的缺點。

(5) **口袋收納型**

不願將內心表達給對方的頑固型人物，好惡激烈，對自己決定之事，有強烈的耐力實行。唯因凡事過於謹慎，從決定到實行，經常花很長的時間。

57 K字的寫法

從書寫K這個字，可以清楚的看出其人之才能與幻想力。特色是看K字的縱橫比例。

Ⓐ **縱長型**……K字縱長橫窄的人，是屬於浪漫派，愛好音樂與繪畫。容易愛上人，但僅於欣賞，不會輕易說出。適合從事文字著作，或電視、電影工作者。

Ⓑ **橫寬型**……K字橫向伸長，上下短的人，是現實型

人物，認爲與其追求浪漫，不如多培養數理之才能。適合擔任工程師，與電腦設計師。

Ⓒ**標準型**……縱橫均衡，如範本一般的寫法，具有文學與理科兩方面的才能，做任何事都能適可而止，才能亦能得到充分的伸展。

58 以筆跡來看性格

根據法國查曼先生的研究，筆跡基本上有形狀、方向、速度、順序、大小、强弱等六大區別。

當然，查曼的判斷法是以法國的文字來做筆跡判斷，與日本截然不同。日本文字的筆跡判斷，是根據日本最高權威，筆跡心理學研究的創始者町田欣一先生所做的研究。

(A) **字體小而美麗**

注意力好、神經細緻的人。與其做勞力的工作，不如以精神工作爲主，創造力很豐富。

(B) **活動型字體大**

外向型、自我主張强。

(C) **方形、直線的字體（像印刷字體）**

有智慧、好理論，性情冷淡。看來彷彿有同情心，卻從不表露於外。使用金錢有分寸。

(D) **圓形的字體**

具溫和、柔軟的性情。認爲與其自我主張，不如安分守己，適應力佳，和誰都能保持友好的關係。

(E) 簡字、自體式（獨樹一格的寫字方式）

粗枝大葉、個性懶散。不喜歡呆板的生活。有企劃力，但叛逆性強。

(F) 字體不整齊

容易被情緒支配，也是個見異思遷的人。

59 文字的寫法所表露出的性格

假設寫信到國外去，而用英文寫「東京」這個字，寫完後請檢查看看。你的字寫得如何呢？文字上下、水平線上是否平直？請檢查看看。

(A) 字尾高……

活潑開朗，經常保持歡樂的狀態。喜歡和朋友嘻嘻哈哈、熱熱鬧鬧，更喜歡到處遊蕩，但小心因任性，而與人爭吵。

(B) 越往右寫越向下……

個性溫馴、心情不定，介意周遭的人。經不起一點點風波。另外，性情懦弱容易遭人擺布。

Ⓒ Ⓑ Ⓐ

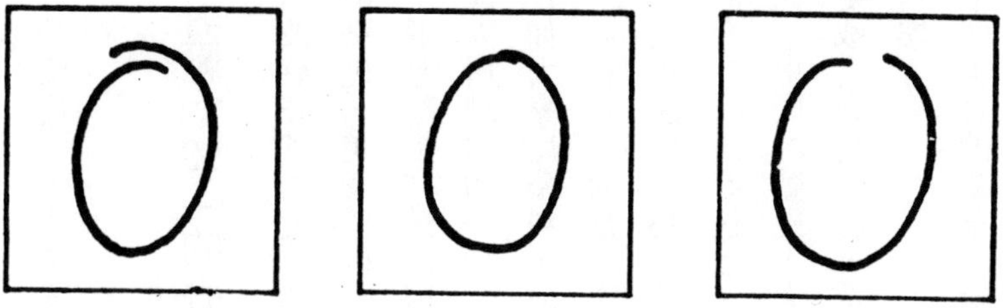

(C) **大大的、直直的……**

寫字途中，稍微向上或向下書寫，但大大直直的排在一起，是做事按部就班、努力認真的類型。剛開始若不順利，多花些時間與功夫就一定能成功。朋友多、受歡迎。

60 以0字的寫法看出性格

書寫0這個字，你結尾怎麼寫呢?寫圓形，最後結合起來，或留下縫隙，或互補重疊，有各種各樣的寫法。

Ⓐ **0的結尾有空隙的人……**像畫圖，不重疊，而留下一點空隙的人，心情溫柔，但耐性不强。容易灰心、個性忽冷忽熱、耐力不足、有喜歡的人，最終仍舊放棄。但本心是溫柔體貼的人。

Ⓑ **0的結尾完全接合……**從頭至尾能緊密結合的人，做事按部就班、勤奮努力，有順應力，新結交的朋友，也能馬上與之配合。

ⓒ **0的結尾重疊或露出……**從頭至尾有重疊或交叉的

人，心情慌亂、坐立不安，情緒不穩定。對各種事物都表興趣，但卻常爲芝麻小事動怒生氣。

61 討厭「13」的心理

阿波羅13號的太空船，你還記得嗎？沒有比太空船更能成爲世界性的話題。開始時編上13號的號碼，美國國內有人認爲不吉利，須要改正，但衆說紛紜，意見此起彼落，最後不了了之。並且編上13號的阿波羅太空船，是在四月十三日十三時十三分（美國時間）發射，這個美國人所忌諱的「13」竟然重複使用四次。

正如大家所預料，阿波羅12號在到達月球之前，發生了故障事故，危及了三位太空人的生命，並且巧合的是太空船機械發生爆炸事故，時間正是十三時十三分。

在美國迷信「13」這個數字的人非常多。美國是科學化的國家，卻仍然對「13」這個數字這麼介意、這麼迷信，真是令人不可思議。在紐約最新的豪華飯店裡，並沒有「13」號這個房間。房間的號碼，大廈樓層，也都省略了這個號碼。

夏威夷高級飯店，希爾頓大飯店、夏威夷村的建築物，都沒13這個高級飯店，12樓上去即爲14樓。

來回美日的豪華遊輪「威爾遜二號」，頭等艙也不見有「13」室。

忌諱「13」的觀念根深蒂固，連最先進的噴射客機，在旅客的席位上也將「13」去除掉，就是爲了避免造成旅客的不愉快。依筆者的經驗，沒有「13」號這個座席，以飛往南美的客機上最多見。

星期五，又遇「13」日，客機班數也明顯的減少。

世界上最大的航空公司，美國汎美航空公司（當時），班機號碼也避免使用「13」這個數字。有使用的話，也僅用於貨運班機。

以顧客爲對象的銷售，尤其不能忽略顧客心理。

在東京，專門服務外國旅客的飯店，若將「13」號編入房間號碼，縱然有最好的服務，也不能招徠客人，更難以成功。

美國有一些廉價的飯店，廣受日本人歡迎。其中「巴里士飯店」，在分配房間時，都特別留意，不將頭部向北方的房間，分配給日本人。

這雖然是小事，但在日本人心理，感覺受到重視，而特別滿意。

只依靠合理主義，實在無法看透人心。

62 睡眠的癖性和性格

據美國心理學家的研究，購買家具時，選擇的款式，可以透露出其人的性格，與對日常生活的欲求。當中最能表現出一個家庭的特徵，據說就是床鋪。而有趣的是，最後的決定者，大多是女性。很少女性選擇床頭有裝飾的，沒有裝飾是屬於單純型。床頭有無裝飾，可以顯露出其對生活的期待，和性格的差異。

正如床鋪可以表現個人的個性一般。人們睡眠的習慣，也有種種的習性。人在睡覺時，不知不覺會恢復胎兒時的姿勢，會縮成一團。所謂最安全、最輕鬆的姿勢。根據法國酒師貝爾傑觀察精神病患的日常動作，發現人的表情、動作均有個別差異。疲勞時、神清氣爽時，人們的小動作也略有不同。

人從進入夢鄉到早上起床爲止，睡姿會有好幾次的改變。並且改變爲自己覺得輕鬆的姿勢。但是越疲勞、越焦慮的人，睡姿越會頻頻改變。古人以睡相爲基礎，據說亦可以占卜運勢。例如：英雄豪傑人物、睡相穩如泰山。又如人見人愛的女子，其睡相如仙鶴般，柔弱美麗。

(1) 縮成一團駝著睡

縮在床的角落，棉被形成「コ」字形，縮成一團，駝著睡的人，細膩、神經質的人居多。思考事物、分析、判斷總是費盡心思。又情緒不穩定，快樂和憂愁時判若兩人。

●身體——內臟系統，尤其胃腸特別弱。

●工作——依自己的個性，伸展創意而成功。常見於作詞家，也適合設計工作和大衆傳播事業。

(2) 手腳伸長，大字型的睡相

意外常見的睡相。樂天派，喜歡照顧人。朋友有難，馬上伸手相助。熱情大方，雖曾失戀，但不放在心上。是同事、上司、部屬信賴之典型人物。但耐力不足，容易疲勞是其缺點。興趣廣泛，但情緒化，易被心情支配。

●工作——推銷員等公關、服務業均能有所成就。

(3) 伏睡的類型

抱著枕頭，或把下巴貼住枕頭睡覺的人，有點孩子氣，害怕寂寞。依賴心强，希望擁有强烈母性般的愛情。偶而會有大膽的行動，也能充分發揮才華。認爲與其按部就班工作，不如孤注一擲，以求勝負，唯一旦失敗，信心盡失。

●身體——手腳容易疲勞，對性亦有不滿。

●工作——屬技術者。能發揮某種特殊技藝而成功的人。發明有創意的商品而獲利。因此與其從事固定的工作，不如脱離領薪階級，做個快樂的創意工作者。

(4) 直躺著睡

腳如I字直直的，像筷子放著般睡姿的人，這種睡相以女性較常見，内向、很客氣居多。處理事務乾淨俐落，耐性强，是屬於賢妻良母型。男性的話，只喜歡依照一種方式生活，不喜歡繁複的日子，順應性高，做爲領薪階級的人，比較理想，亦較容易成功。

●身體——支氣管弱。

●工作——擁有擅於處理事物的能力，適合公務員、警官、法律家等工作。

(5) 左半身反側的睡姿

左半身在下、側身而睡的人，這時會將右腳向內側彎曲，這種睡相的人，理想高，經常尋找新的事物，只是因爲過分表露出積極性，並且採取大膽的行動，而使周遭的人對他提高戒心。如果女性有這種睡相，擁有男人的氣概。

●身體——肝臟容易疲勞。

●工作——跑單幫型。一般領薪階級，或家庭主婦無法滿足她的欲求。打工、炒做股票、購置不動產，是擅於掙錢的人。

(6) 右半身反側的睡姿

右半身在下，側身而睡的人，女性比較多，但男性亦常見。這種睡相者，做事小心翼翼，非常謹慎。上司吩咐之事必定忠實實行，有著認真執著的性格。但因慢郎中的個性，而經常錯失良機。又因多慮而無決斷力是其缺點。男性的話患有懼內症。

●身體——容易發生心臟和血管疾病。

●工作——按部就班的研究工作。或做爲助手很恰當。女性的話，秘書能力優異，擅於儲蓄。

63 你做什麼樣的夢

(1) 美國對夢的研究

近數年來，關於「夢」的研究，有相當的進展。以往一提到夢，衆所周知均依佛洛依德式的精神分析發展，而演進爲一種夢判斷中心。但一九五三年之後，對於「夢」，想要以科學方式來解析的歐美學者，如雨後春筍般的出現。

這些對於夢的科學之研究與進步的原因，其中之一是「夢」開發了機械式的記錄法和診斷法。「腦波」診斷也是其中之一。劃時代性的發現了「做夢時，眼睛睜大而活動著」。人類在做夢時，眼睛會睜開並快速轉動，這種習性是衆所周知的事實。腦波和「眼球在動」的測定，可以用科學的方式來記錄。也就是說，被催眠的人，觀察其腦波與眼球轉動，會出現「夢的反應」。將受測者喚醒，再詢問他夢的內容，而後加以研究。

人做夢的時間不長，記憶也近淡薄的傾向。大部分的人，都無法正確的記憶夢的內容。但一般的情形，這種方法，對夢的研究，有其正面的影響。

做夢可以解除日常生活的焦慮與不安，因此被視爲精神安定劑般的目的居多。反之，不做夢的話，被認爲不安、悲傷會有增加的傾向。

(2) 判斷夢的技巧

一般說來，做夢之後回想起來，都是一種曖昧、模糊的情形，隨著時間而淡忘，無法完全回憶當時的夢境。

夢的判斷，當然自己所做的夢必須記得很清楚，但夢的內容要如何判斷，則是比較困難的技巧。日本自古以來即有「解夢」一詞。例如：「夢見火，必遇水」，或「夢見被水沖走，即會遭遇火災」等，以夢境做相反的連想。又如「夢見掉齒、親人亡故」或「夢見出血、即會受傷」等「直接連想」兩個種類。但是依照佛洛依德的解夢，認爲人在無意識中，將心中的欲望，托付在夢裡，「使願望獲得實現」，以夢來實現心中的欲望。因此若能將夢中隱藏的欲望找出來，即爲解夢之中心。

爲了找出夢裡隱藏的慾望，首要之務是判斷下列諸項要素。

①夢裡出現的人物

（是男？是女？年齡呢？）

②場所、背景、時間

（什麼背景？幼年時、或現代？）

③動作

（做什麼動作？）

做夢的人，是從自己的腦海，創作一個劇情。主角、場合、動作三大要素，是解夢的重點。各位在做夢時，根據自己的判斷，首先嘗試將這三個重點，好好記牢。

〈出現人物〉

夢中的人物，男性做的夢，男性出現比較多，女性做的夢，男女比例相差不遠。又未婚者，雙親容易在夢中出現。已婚者，則妻子、兒女出現的情形多。年輕男性做的夢，常以同齡的女性，與母親爲夢中主角。不愉快的夢、悲劇性的夢，常會出現相識之人。反之，快樂的夢、性愛的夢、經常出現不識者。中年男性做的夢，妻子以外的女性經常出現在夢中，溫柔的和你邂逅。這時出現的女性，泰半與妻子同齡者居多。

〈場所和背景〉

夢中的場所，大部分是生疏和模糊。有時候像在自家，有時候像朋友家。在國外又出現日本式的房間，常常產生如此矛盾的景況。但是重要的是，四周具有何種氣氛。另外，搭乘何種交通工具，如馬、自行車、電梯等，利用什麼交通工具，也必須加以判斷。

〈動作〉

在這種狀況中，在夢中有什麼動作，是下一個問題。「看」「聽」「說」等動作，要仔細加以思考。在夢中做什麼動作？是具有男性氣概的動作，亦或溫柔的女性動作，再分析判斷，就會出現不同的結果。

就像夢見「轎車」，是自己駕駛?亦或只是乘客，都只是判斷的關鍵，也會出現不同的結果。

5

場所的選擇方法，所表露出的性格

64 選擇電車的座椅，可知其生活態度

上班、上學的來回，每天都利用電車的人很多。除了客滿之外，門一開，大家都會無意識的走向自己喜歡的位置。

在無意識中，選擇的電車座位，無形中，可看出其人日常生活的態度、性格和身心的狀況。

假設 從月台右側進入電車，行進的方向是左邊，看看插圖，是你的話，你會選擇那個座位。插圖的Ⓒ Ⓓ，是不選擇坐而站的位置。

診斷 選擇電車的座位可知性格、態度

Ⓐ 這個人爲人客氣、做事按部就班、態度認真。但不易付諸行動，也不易將真心表露於外。

Ⓑ 選這個座位的人，具有一般的常識、個性溫馴，做事會考量自己的能力，再付諸行動。

Ⓒ 不容易滿足，容易焦慮，一點小事也耿耿於懷，常因欲求不滿而煩惱。

Ⓓ 心中經常懷抱著遠大和美好的夢想。喜歡引人注意。

Ⓔ 是安全第一主義。與人保持距離、以策安全。因而不被討厭，卻也未曾被熱愛與信

5 場所的選定方法，所表露出的性格

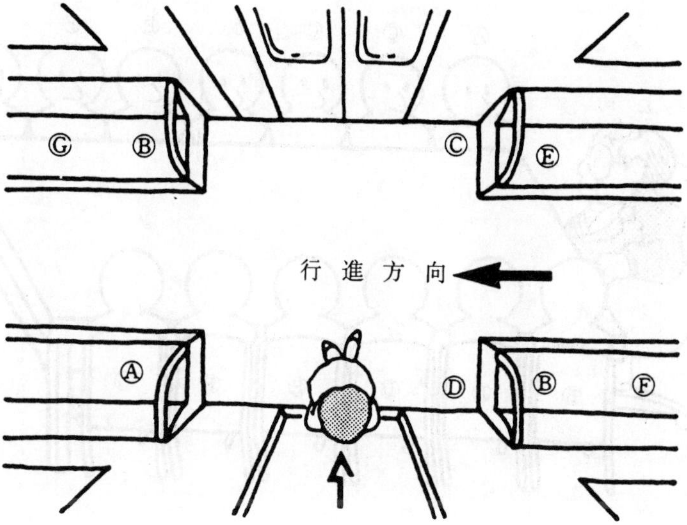

賴，予人冷漠感，是該注意的一點。

Ⓕ現在的你，對於戀愛與工作，都是無緣的狀態。對你示愛的異性，你絲毫不覺。

Ⓖ是最好的狀態，不論工作、戀愛、金錢，你都熱在其中，好事連連，每天過著多彩多姿的生活。

65 從會議室的坐法，可知其金錢態度

開會時，最大的問題，據說是座位的安排。如何安排座席、順序，關係著能否提出活潑的建議。因而桌子和座席的安排，可說是一門大學問。

在次頁有一張縱長的桌子，領導者或上司坐在中央的位置，在其他的位置，大家該如何入座，關係著與上司的人際關係，以及其對金

錢的關心度。

假設　縱長的會議桌，中央坐著上司，人物是一般職員，假設入口在右側，請問，是你的話，你會選那個位置？

診斷　判斷對金錢的關心度

Ⓐ接近上司，並且在左側的位置，是擔任輔佐上司角色的座席，一般公司新近人員不可能坐這個位置，突然選擇這個位置者，被視爲無常識之人。

Ⓑ這個位置僅次於Ⓐ，是希望上司支持、提拔的位置。過著老套的生活即能滿足，對於賭博沒興趣，這種人若投入股票市場，很容易鎩羽而歸。

Ⓒ是最受上司注意，並徵求意見之座席，是平步青雲者的座位。現代狀況最佳，對工作、金錢都很熱衷。新招百出，創意豐富。

就算是賭博，他也懂得賺錢道理，具有天生聚財之素質。

Ⓓ這是僅次於Ⓒ，被要求發言的座席。會注意他人忽略之處。平常看似乖順，偶而也會發揮實力。爲了不輸同事，反而會湧出幹勁。

Ⓔ自己是自己、別人是別人，界線分得很清楚。在自己本行之外，也有賺錢的機會。一般說來，是安全第一主義，做事不勉强，在被賦予的範圍內，大有斬獲。在工作中有利可得，喜歡享受。

Ⓕ外表乖順，但偶有孤注一擲的行爲，想賺大錢的心願强，具有勇氣和膽量，燃燒著欲望，因而經常爆出冷門、出人意表。

Ⓖ是敬陪末座者。經常有不平不滿充塞心中。但心中燃起之野心，使之有目標就能儲蓄金錢。但逐漸會養成浪費的習慣。浪擲千金在酒色財氣中，值得注意和警惕。

66 從咖啡店的座位，可測知適合的職業和婚姻生活

常光顧咖啡店的人，通常都有其固定的位置，但若初次進入咖啡店，窗户邊、角落裡、中央位置，依其所好，常在無意識中，選擧適於自己的位置。

想遠離群衆的人，與社交性强的人，當然，他們所選的位置一定不同。

像這樣選擇咖啡店的座位，可以測知性格、氣質、家庭以及工作的滿足度。

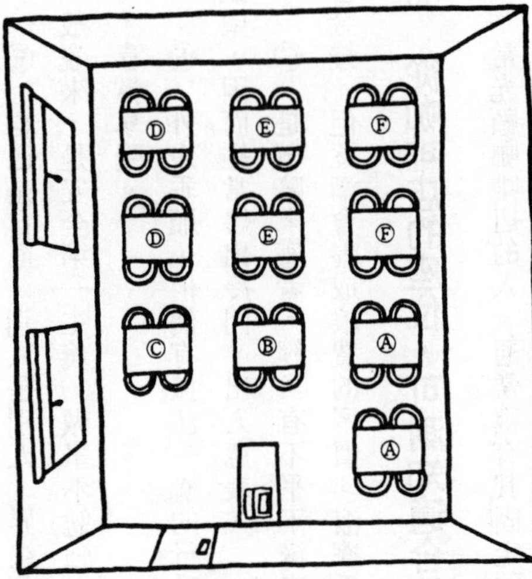

假設 咖啡店的左側有窗户、入口在前面，這樣設計的店，是你的話，你會選擇那個座位呢？

診斷 適合的職業、婚姻生活的傾向

Ⓐ 一般而言，選擇面對周遭都是牆壁，比較孤立的場所，是想逃避周圍的人，希望兩人獨處。經常選擇這種位置的人，對於熱鬧的場合，嘻鬧的群衆，不能習慣，也感棘手。只能獨自磨練技術。因此適合做調查、研究、計算的工作。結婚之後，也不喜歡與雙親同住。憧憬屬於兩人之公寓生活。選擇這個位置的男性，無法和他人分享自己的私生活，經常有煩惱的人居多。

Ⓑ 這是富有創造力的人，喜歡選擇的位置，具有獨特、與衆不同的思想。

結婚亦是出人意表，從認識到走上紅毯的

一端，時間很短，因爲決斷快之故。凡事想依自己的想法來領導對方。如果是女性的話，恐有逼人之處。

Ⓒ 對事物不會坐立不安，個性爽朗，可說是推銷員、證券行、服務業等的高手。自己開店，或做爲第二代經營者，可以充分發揮自己的能力。結婚之後，可以安定享樂。

Ⓓ 喜歡窗户邊的人，特徵是有順應力。不管從事任何職業，都能發揮適可而止的實力。一般的公務員、銀行員等的工作尤其理想。私生活來講，非常希望組織家庭，是家庭至上主義者。

Ⓔ 謹慎派類，容易遭事物迷惑。不容易掌握真正的自我。對任何事都慎重，慢慢完成。若有一技之長，在法律、醫學的範疇內能發揮其才能。

Ⓕ 討厭囿於範圍的工作，喜歡自由的環境，可以一展長才，適合大衆傳播、攝影記者，富有個性、活用自己才華的工作。

67 從坐公園凳子，來分辨内向型與外向型

中午休息時分，到辦公室附近的公園走走，常常看到一些ＯＬ（office lady）並排坐在公園的凳子上，我常常好奇的看她們選坐的位子。

另外，在公司或自宅接待客人時，請客人入座的位置，會因人與人間微妙的關係，而有

所差異，你曾查覺嗎？

在長凳子選擇自己喜歡的位置，依人的性格，在日常行動中，有可以分辨的線索，尤其分辨內向或外向，最具成效。

假設 如上面的插圖，假若公園內設置了長椅子，你從左側走過來，在A～D的位置當中，你會選擇那個位置呢？自宅的客廳亦然。

診斷 你是外向型或內向型

Ⓐ做人客氣但屬消極的性格。不擅於表現自己，也不會直接表露自己的欲望。經常意識到別人，不去干擾他人。可說是沒什麼感情的人。

不表露自我感情，是現代人的特徵，但過分隱藏，有時候會被當做犧牲品，而蒙受損失，這點必須特別注意。應該學習適時表達自己的主張和表現自我。

Ⓑ 坐在這個位置的人，一般說來是屬於外向的性格。左右兩邊留有空位，對人際關係敏感，有體貼他人之心。

Ⓒ 不論什麼事情，懂得適可而止，不會勉强，安全第一主義者。性格溫和有順應性，能調整自己配合對方，男性的話，對女性也很溫柔。

相當外向、自我表現慾强。不站在領導地位的話無法釋懷，有其任性之處。喜歡這個位置的人，非常在意別人的眼光，會刻意去引人注目，若遭他人忽略，則忿忿不平。

這個位置的右側，留有很大的空位給對方，能讓對方沾沾自喜。

Ⓓ 在插圖上最右側的位置，橫向著兩足交叉的人，是屬於超級內向型。有一點怪癖、有一點病態般的留意他人的眼光，容易焦慮、怕生，卻有任性的一面。

可以說是缺少和他人溝通、配合，又是叛逆性，但有時會採取令人吃驚的行動。

68 從搭乘電梯選擇的位置測知其性慾求不滿度

電梯中的站法，每個人均有其特殊的習慣。進入電梯後，大部分的人，都會習慣性迴轉身向著門，然後慢慢決定自己要站立的位置。

在電梯內站的位置，可以透露出其與異性交往的性態度與挫折度。

電梯

假設 在下頁插圖中，電梯裡很普通的有一位服務小姐，在Ⓐ～Ⓕ中，你會站在哪個位呢？

診斷 性慾求不滿度

Ⓐ 能順利處理自己慾望的人。縱有不滿也不表露，很有自制力。在賦予之範圍內，自然享受自己的慾望。

性慾不強，有慾望，或有強烈的欲求時，任何情形的做愛都能令其滿足。

Ⓑ 站在近門口處的人，無法壓抑自己的不滿而表露在外，經常爲一些小事動怒，尤其在對性愛欲求爆發前。

工作、私生活的壓力大，必須靠自己想辦法、安撫自己急躁的情緒。常常流連泰國浴，或自慰過度者，都是此類型。

Ⓒ 慾望少，柔順型的人會選擇這個位

置。對性愛的期待與欲求不高的狀態。追求有意義的工作和生活，多半能瀟灑的享受性愛。如果是男性的話，是受酒吧小姐歡迎的類型。

Ⓓ看到喜歡的女性，立刻站到女性後面的人，在無意識中，只要有機會接觸，馬上有期待的狀態，性愛挫折度高，因而想把挫折感發散掉。

而對女性來說，馬上站到其背後，沒有比這種情況更令人不安。想站這個位置的男性，是爲了滿足其精神强姦之欲望。他這種欲望比別人强，卻非常怕寂寞。

Ⓔ年輕人尤其喜歡這個位置。充滿了活動，可以巧妙領導女性，予人擅於遊樂的印象。性挫折感少，也會適當的處理。

Ⓕ站在左邊角落的人，心裡雖盼望追求知己，與性的冒險，但因種種的約束，而不能隨心所欲感到不滿。若其不滿超越極限的話，有一口氣付諸行動的危險。

69 從選擇劇院座位，可判斷適合的職業與晉昇程度

選擇電影、公演、戲劇等的位置，可以反應出其嗜好與癖性。向著舞台，坐在什麼樣的位置，可以判斷出個性、適合的職業與晉昇度。

假設 次頁的插圖，上面有銀幕和舞台，假設從門進去，從Ⓐ～Ⓔ，你會選擇那個地帶？

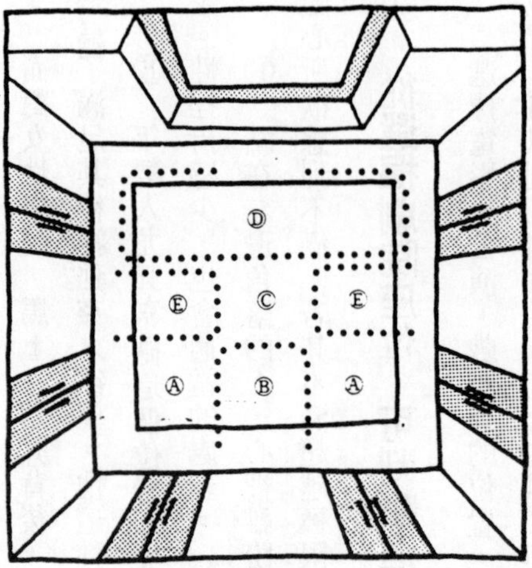

電影院

診斷　直接了當判斷個性與適合的職業

Ⓐ跑單幫型　這個位置分爲兩個部分，與周圍隔離，所謂「島」的位置，喜歡這個地帶的人要小心，在自己的碉堡中，拒絕他人的加入。無意識中選擇這個位置，來表示「我與衆不同」。富有個性，在自由業方面，可以表現自己的實力，極端厭惡受制於人。

Ⓑ安全晉昇型　選這個位置的人，在工作中，會巧妙利用自己的要領，因此很得上司的器重，與同事的信賴。在團隊合作中，能一展長才。在銀行界、商界能發揮實力。

Ⓒ積極能幹型　喜歡這個地帶的人，經常喜歡引人注目。想領先他人的意識强。上司信賴高，能領會上司的意思來行動與發言，因而容易招來妒嫉，但本人卻不以爲忤，在工作上，以自己的原則來推進，適合推展業務方面

的工作。

Ⓓ有個性創意型　選這個位置的人，對平凡的事不能滿足，具有其獨特的思考方式。擅於利用創意來做事。充滿了創作的欲望。喜歡美麗的事物，與有個性的創意。適合思考嶄新的企劃部門。

Ⓔ社交型　重視與人的調和，是協調型人物。看到有困難會立刻伸出援手的好好先生。沒有與他人競爭高位的慾望。但遵守自己的本份與原則，按部就班的工作。

70 從選便器位置來判斷性之自卑度

在公司或車站的廁所，並排的便器中，使用那個便器，可以測知其人之性格，尤其自卑度更隱藏在其中。

對自己有信心的人，一進入廁所，會清楚的使用自己喜歡的便器。有某種形式的自卑，或旁邊有人，無意識中感到迷惑，介意他人和自己的動作，由這些種種的癖性中，可看出其性的傾向，與自卑感程度。

假設　在空無一人的廁所裡，你從前面進入，會走向那個便器？從Ⓐ～Ⓓ，你不妨來測試看看。

診斷　性自卑度之檢查

Ⓐ 自信家。對自己的能力，與性的魅力信心十足者，會選擇這個位置。與初識的女性，亦能坦直交談。對一點失敗不以爲忤。對性愛亦大膽，有時候甚至會採取猛烈攻擊。

Ⓑ 相當自卑的類型。對不必要之事，亦過分介意而喪失信心。對女性追求無方，善妒是其特徵。有時候好不容易有了對象，卻因過分猜疑，傷了女方的心，而導致分手。

Ⓒ 這個便器最容易骯髒，因爲經常被使用之故。選這個位置的人，是最一般性的人。最初有失去信心的傾向，但隨著時間會逐漸恢復自信。在和女性不斷的交往中，也慢慢的透露出真心，雖然怕生，唯一旦以心相許，則渾身充滿衝勁。

餐廳座席

Ⓓ 欲求的表現有個性，但不能直接表露，使旁人不易了解。想與女性交往，卻又心思如謎，讓人覺得難以應對。對愛的表現弱，又不敢坦直示愛是其缺點，因此要學習坦誠的表露自己的感情。

71 從餐廳的座席，可知其社交性和與人交往之特徵

在酒吧或壽司屋的櫃台，看其站的位置，即可知其社交性，或與人交往之特徵。平常若無其事的座位，要選擇那個位置，可看出其潛在的心願。

假設 在上面的插圖，是餐廳或酒吧，入口若在右手邊，進入餐廳後，你會選坐那個位置呢？

診斷 表示其人之社交性

Ⓐ 這個位置不受任何拘束，想和大家熱熱鬧鬧的心情强。可以和人們接近。但是經常坐這個位置的人，性情怪異、憤世嫉俗，不擅與人協調，爲了芝麻小事，常與人抗爭。

Ⓑ 喜歡説話，喜歡照顧人，容易與人打成一片，但稍顯輕浮，會將他人的秘密全盤托出。怕寂寞，卻討厭受束縛。

Ⓒ 有協調性，平易近人的類型。但自己缺少進取心，也無行動力與指導力。若有好上司來領導，就能發揮能力。反之則無法發揮實力，社交性平平。

Ⓓ 這個位置，是領袖慾望强的人選擇的位置。自己雖然無此意，卻不知不覺要負起責任。擔任老闆的角色、和集團領袖，均有優異的素質。與其受命於人，不如一呼百諾命令他人。社交性高，是有魅力、可依靠的男性。選這個位置的人，酒量相當好。

Ⓔ 選擇這個位置的人，好惡分明，但個性稍嫌怪異。心情好時和人打成一片，心情不好時則對人不理不睬，完全視當日的心情而改變。一般以其第一印象來表示喜惡。

72 旅行時選擇飯店的方法

從車站算起是那個方向？在都市全體看來飯店在什麼方向？選擇方向的不同，其發展運勢亦有差異。

Ⓐ 選擇靠近市中央的行動力

不論是休息，或是旅行，越靠近市中心越有利。因爲車站就在市中心附近。選擇在車站的南方和東方，會予人工作的活力。

Ⓑ 要與高級人員會面，要選擇有高台的飯店

選擇有高台，可以瞭望車站和海的飯店，尤其是東方或南方、靠海邊，能看到海最好。如果沒有高台，選擇五層樓以上的飯店亦可。在人們的心理，在越高的位置，會有晉昇的心理，富有這種的欲望。從高處瞭望海上，會讓人感到生活提高、上昇的心情。

Ⓒ 有污水、彎曲的河邊的飯店有負面的影響

在彎曲河流旁邊的飯店，不能予人安心感。反之會引起挫折感。如果在河流邊的飯店，河道越直越理想。

Ⓓ 在車站的左側、南側和東側的飯店，商談會快速達成

從車站出來，無意識想往左側走。而如果飯店在東或南側設有出入口的話，商談或交涉能順利進行。因爲地利之便，會喚起造訪者之意願。

Ⓔ 愛情旅館泰半在車站的「北」或「西北」

在車站「北邊」的飯店，是秘密戀情最適合的地方，因為是隱秘性高的位置，會予女性較爲安全感。

73 和上司對話適當的座席

和上司或長輩談話或開會時，座席的位置具有很大的意味。是在上司眼睛經常掃過的位置，或是相反的位置，意義全然有異。禮貌上有上座、下座之分，因此選位置要特別留意。因爲座席也有心理效果之正負面。要看上司坐在什麼地方，心理的影響也會不同。有時候雖然有好的意見，上司卻不採納，這和坐的位置，有很大的關係。

〈上司在「西」的位置〉

如果當天你非常自信、頭腦也靈敏，那麼坐①號北側的位置，腦筋會越靈活，上司徵求的意見，會有良好的反應，整天福星高照。

②南側的位置，適可而止的完成當日的責任即可。這是個安全的位置，不會太引人矚目，也不會遭對手嫉妒。

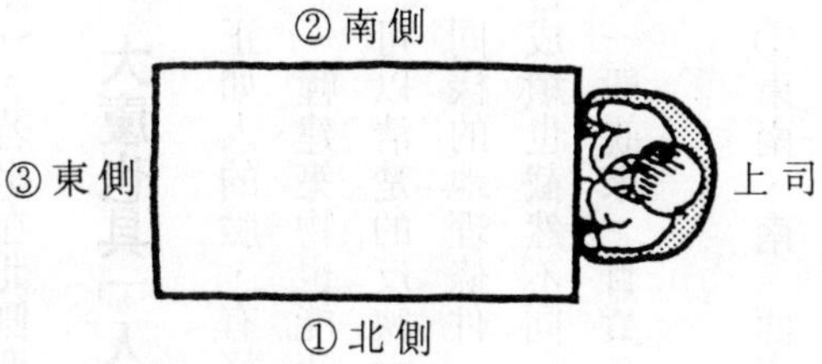

③東側的位置，要相當小心，在入座之前，若未先整裝，可能會引起上司生理上的不快感。

〈上司在「東」的位置〉

坐在東邊的上司，想要創造新事物的心願很強烈，從上午就熱情洋溢。上司坐這個位置時，若坐在「南邊」的位置，反而與上司正面交鋒，可以積極發表自己的想法，提高鬥志。

〈上司在「北」的位置〉

上司坐在「北邊」時，會稍顯消極，有寂寞感。這時自己若坐在熱誠的位置，會引起上司的不滿，對自己不利。最有利的是西邊，性情柔順者可坐西席。若坐「東」席者發言要特別注意。

坐南席會遭上司毫無原由的反駁。但南席與東席同事開小組會議，會出現好的主意。

〈上司在「南」的位置〉

這個位置表示上司正在起勁的狀態，這時坐在「東邊」（雖說東邊，其實是靠近南邊或西側）。若坐在北側席上，容易被拒絕、有負面的影響。

74 大廈也具「人相」

正如人的臉，有好運相、也有惡運相。建築也有門庭若市、門可羅雀的兩種景況。好與壞，一幢建築物也能清清楚楚顯現出來。

可以清楚的反映「運氣」的建築物，如百貨公司和飯店。

同樣的地理條件，在東京副都心的新宿之百貨公司，卻因百貨公司的位置和構造不同，銷售成績也截然不同。

一般說來，百貨公司和飯店，若想要有門庭若市的景況，必須具有下面大廈的「相」貌。

①東南、南、西南出入口多。
②大廈切勿有三角形狀。
③西北側不能有缺角之變形。
④車站、休閒中心，在大廈之右手邊。

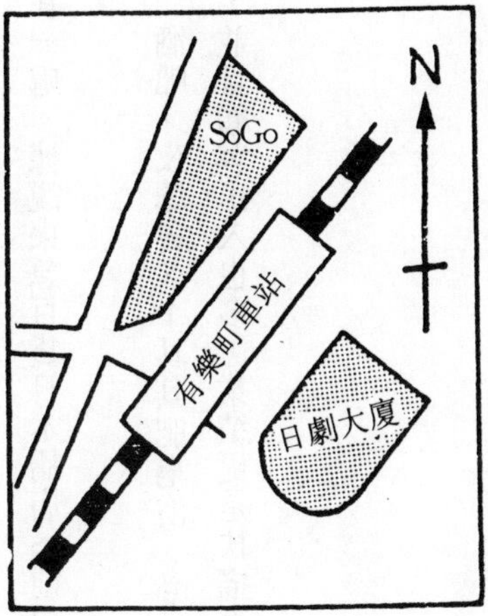

東南、南多設入口，是因爲太陽光線整日照射著大廈，擔任吸引顧客的角色。明亮的光線，使它給人「熱鬧」「明朗」的印象。

三角形的建築物，給予顧客心理疏遠的形象。但像銀行、監獄、警局、軍營等須要與外界有所區隔，予人威壓的印象和效果，有角的大廈就比較理想。例如，東京視聽、華盛頓的五角大廈等，可說是這種建築物的典型代表。

東京有樂町「SOGO」——東京店，讓人有難以進入的感覺，也是三角形之故。並且入口又在三角形的頂點位置，是不佳的設計。

一般說來，圓形建築物，最能令人心理緩和，讓人有一種很自然的想進入的意識。

而三角形建築物容易予人「封閉」「拒絕」的形象。例如：有樂町的日劇大廈是圓形建築物、銀座四丁目三愛大廈也做成圓柱形，充分的擔任「招徠顧客」的效果，如此說亦不爲過。古人的羅馬競技場也是圓形建築物，也許是考慮這種心理效果也說不定。

變形之大廈（尤其是西北邊），北邊、東北邊的出入口多，據說竊盜也多，顧客容易擁擠在一處。據說東急百貨日本橋店（前白木屋），也是北側入口多，因此店内竊盜事件特別多。

酒吧、夜總會、土耳其肥皂浴、愛情旅館等「夜晚」經營的行業，反而西北側設置入口，並且顧客出入也多，業績更是扶搖直上，這種現象真是令人匪夷所思。

6

食物的嗜好所表現出的性格

75 選擇菜單所透露的性格

如果你想知道和你交往的人，他的本心，他的人品，有人說一起去吃飯就能了解。最能透露一個人的生活習慣和家庭環境的，就是飲食習慣，從中也能意外的發現一些線索。「吃」是人類最本能的需求，也是日常生活中，預測一個人行動的關鍵。

四、五個人一起到餐廳，拿出菜單，看看每個人的反應，有相當的個別差異，可以分類爲下列幾種：

(A) 不管他人，只叫自己喜歡的菜。
(B) 等他人決定後，再叫同樣的菜。
(C) 先叫菜，看看別人又中途改變。
(D) 拿不定主義，花費時間。
(E) 要求店員說明再選擇。

在這當中，樂天又不拘泥小節，看了菜單就立刻決定的人是屬於(A)型。而這種人又有兩種類型、會看看價錢、盤算是否合乎經濟，是合理型的人；看了菜單就決定，是屬會享受生活型。重視經濟者，生活實際稍顯吝嗇。

(B)等待他人選擇後再決定的人，有順應力、在組織中謹守本份，愼重型的人。

(C)在中途中又改變的人，以女性居多。若男性，則具有女人味，對一件事很介意，幻想力豐富，在工作上容易不知所措，血型A型的人比較常見。

(D)選擇時間長，與(C)的人類似，不管任何事，都要到處詢問意見，小心翼翼，性格多慮。只是不會過於勉强、會考慮對方，安全第一主義者。

(E)要求店員說明的人，自尊心强，對平凡的生活不滿足、有積極性，不會隨波逐流，但個性頑固。

76 牛排的切法

吃牛排或豬排的時候，必須使用刀叉，你是用什麼方法切牛排呢？

(A) 從左邊開始切，一片一片的吃。
(B) 從右邊開始切，一片一片的吃。
(C) 全部切成小塊，再一個、一個的吃。
(D) 先從中央切開，再開始切來吃。

(A)類的人，是最普通型，重視形式。合理、普通的生活即能滿足他（她）。反之，會一味强迫他人接受自己生活，認爲自己是正確的，不容易接受他人的意見。

(B)性格溫和柔順，對別人有體貼之心。對周圍的人，也不表露感情。人際關係和對方協調的類型。

(C)全部切成小塊，是怕麻煩的人，想要得到的東西，沒有馬上得到，就會顯出焦慮。想做的事，若遇到困難也會努力做下去。喜歡幫助別人，看到他人有困難，絕不袖手旁觀。好惡分明，對自己喜歡的人，會猛烈進攻。

(D)從中央切開的人，是能幹型人物。凡事以自我為中心，有點任性。但做事時，從思考到實行從不會拖延，可說是行動比思考還快。擅於社交，能和各種階層的人交朋友。

77 吃魚的方法與金錢觀念

從吃魚的方法，可以看出一個人的金錢觀念，以及是否浪費。如前所述，以前放高利貸者，命人端出餅乾，視借貸人先吃什麼餅乾，來判斷他的金錢觀念。

吃魚的方法，尤其可以判斷出其人之金錢概念，也可以做為處理糾紛的判斷方針。

(A) 從魚頭先吃的人

從魚頭先吃的人，無論什麼東西，只要想得到，再勉强也要取得。

這類型的人會有計畫的儲蓄，可積少成多的購買大型物件。樂天派，外表看來好像不在乎金錢，其實他都有認真的思考。

(B) 從魚尾開始吃的人

小心翼翼、做事慎重。買便宜的東西，也要仔細考慮的類型。有時候很吝嗇。會囉嗦的干涉對方的用錢方式。雖然會依據自己的計畫力實行節約，卻不易致富。

(C) **從中央（魚腹）開始吃的人**

不介意金錢，花錢大方，容易衝動購買，在百貨公司購物，想買便宜貨，結果反而買到貴的東西。尤其對吃的、穿的不會吝嗇。

(D) **在魚身到處吃的人**

這是浪費型的人。走到那、花錢花到那，不會感到不安，視錢財如身外之物，薪水有時候會在月初就用完了。平常不會節制、浪費金錢，是不能順利處理金錢的類型。

78 壽司的嗜好所表露的性格

假設是同公司的女職員，她們第一次要去吃「壽司」，從吃的種類，就可以大概做出種種判斷。

據說美國某實業家，為了觀察屬下的能力和性格，會帶對方去吃飯。吃的方法，不僅反映出家庭教育，也能表露出性格。

(A)**上等鮪魚……正統常識型**　有常識，有判斷力、行動力的類型。對冒險的事，或大膽的行為非常反感，因重視人際關係，而受旁人的信賴。

(B)**蝦**……**欲求執著型**　爲了實現自己的願望，再荒唐的犧牲也無所謂，是屬於理想型。生活要求高，厭惡平凡的事物。

(C)**紫菜壽司**……**妥協型**　心裡真正的須求從不表露出來。日常生活經常妥協，理論上，是依靠强者生存的類型。

(D)**炒蛋**……**感覺型**　容易被情緒所支配和影響。早上氣氛若不佳，可以影響一整天的心情。

(E)**花枝**……**現實型**　不介意外表、不虛榮。把思想用語言表達於外，具有明朗的性格，對金錢很有概念，是屬於晉昇型。

(F)**薑、醋**……**欲求不滿型**　大部分的人對日常生活表示不滿、容易焦慮、動怒、並有被虐傾向，常常有「我不行」的自卑感。

(G)**鮑魚**……**精力不足型**　對性的期待强，但性的衰退也快。性力足，也有欲求，但做事容易半途而廢，無法滿足之類型。

79　以酒的嗜好判斷性格

喝酒在人的心理，潛在有兩個意識。其一是想藉喝酒來忘記自己，變成另一個人。其二是想和酒伴們引朋高歌、暢飲一番。而嗜飲的酒，卻也能反映出其心裡狀態，來做爲性格判斷的資料。

(A)威士忌滲水派……重視與人交往的類型。與人約會，不論男或女，同樣的重視，對朋友非常看重，朋友很多。工作上因有專業知識，而活躍異常。另一方面，很重視彼此的協調性，因而在公司，人人予以厚望，多有好感。

(B)威士忌滲冰派……是真正喜歡喝酒的人，是否想靠酒精而進入醉鄉呢？這種人做事重實際、不會裝模作樣，與之交往、好惡分明，這種類型男性居多。

(C)燒酒派……現在流行的燒酒派，其社交性非常優異。與人交往、誠心配合，具有順應力。這種類型的人，希望對方也和自己一樣來喝燒酒，一旦以心相許，即成爲志同道合的伙伴，不管工作或遊玩，都認真拼命、充滿年輕的氣息，工作上若有這類型的人協助，是非常幸運的事。

(D)啤酒派……有社交性，與人配合情形佳、服務精神旺盛，擅於製造歡樂的氣氛，容易得到他人的好感。平常看來態度冷淡，然而一旦有事，會有體貼對方的心，而得到對方的感激。金錢方面，屬於樂天派。

(E)葡萄酒派……吃飯時喜歡喝點葡萄酒的人有增加的趨勢。葡萄酒派的人，喜歡打扮，經常追求新的事物，個性積極。對自己的生活款式很有自信，予以自己高評價，因此對異性的選擇，非常嚴格謹慎。

(F)雞尾酒派……喜歡五顏六色的雞尾酒派，重視氣氛，也是屬於遊樂型。喜歡怪異的雞尾酒名字的人，常沈浸於感傷的回憶，容易被羅曼蒂克的氣氛迷惑，應該特別留意。

(G)坎巴利蘇打派……高級餐廳的服務生們，都很喜歡「坎巴利」類型的人。自尊心强、不甘平凡、理想高的人都喜歡喝這種酒。以自己的專業知識，或利用自己的興趣，追求豐裕的生活，平凡的生活不能滿足他的內心。

(H)檸檬琴酒滲汽水派……平常憧憬著冒險犯難的事；但一旦要冒險，卻又沒有勇氣。平日做事認真，喜歡旅遊，或和情投意合的人談心。溫柔有體貼之心，相當受人歡迎。

(I)日本酒派……愛惡分明，與人交往容易偏頗。但重視長幼關係，一旦受人恩惠，終身不忘，是感恩型。感情脆弱，具同情心，有其溫柔的一面。喜歡照顧人，但容易受他人的影響。

80 以喜愛的水果來判斷性格

你是蘋果派？亦或木瓜派？下面有十一種大家都熟悉的水果，挑選一種你喜歡的水果，依此水果，可以診斷出你的性格。

喜好的水果類型，可以表現出其家庭，和其人的想法與性格，也可以表露出雙親，尤其是母親對他的影響。也被視爲母親所給予的溫柔體貼的連想。喜歡吃水果的人，大多數憧憬母性的愛情、個性溫和。

(A)**葡萄**……害怕孤獨寂寞，卻又把自己禁閉在象牙塔內，憧憬美的事物與詩的幻想。平常予人冷淡、拒人於千里之外的形象，有點表裡不一，但交往日久，即會逐漸卸下武裝，表露出真心來。

(B)**蘋果**……是很普通的水果，任誰都喜歡。喜歡蘋果的人，能把事物處理妥當，做事認真但不勉強行事。重視自己的健康，做事講求中庸之道，很得長輩的信賴。注重禮儀，任何事懂得分寸、適可而止。喜歡紅色。相當重視人際關係。

(C)**梨子**……對於自己的欲求控制得宜、認真、謹慎，認爲與其起伏燦爛，倒不如追求平淡的生活。能調整自己配合對方。但過於消極，以致於錯失許多良好的機會。

(D)**橘子**……個性溫和，容易相處，可以安撫人心。心中雖有不快，亦不忘將笑容帶給大家。重視家庭生活，與人談話均能意氣投合。以烹飪爲樂，家庭和樂融融。具有容易親近的性格，但有時卻因過於溫馴而蒙受損失。

(E)**香焦**……是高卡路里的水果。具有行動力、做事更是直接了當。但是有時候會一意孤行，不管周圍的人，這是其任性之處。個性開放，與誰都談得來、是社交性人物。如果是女性的話，則較具陽剛之氣，對工作與賺錢充滿了精力。

(F)**櫻桃**……予人優雅、美麗的感覺。裝扮完全依自己的方式。想表現自己獨特品味，但只是空想，一旦有事卻裹足不前，原本給人的好印象破壞殆盡。稍顯內向，自己的本心不能傳達給對方，注重外表，有著「漂亮才是第一」的膚淺想法。

(G)葡萄柚……追求健康及美的事物，並具有崇高的理想。平凡的事物不能滿足其內心。事事關心、知識慾强。憧憬浪漫、絢爛生活的行動家，也是不介意的細微小事的樂天派者。

(H)甜瓜……外表優雅溫文，稍顯內向。心中經常懷有遠大的夢想，討厭任人擺布。朝著自己的信念，創造理想的生活，但有其頑固之處。對金錢的欲求比人强，不過上進心亦强。厭惡輸給別人，憧憬做一位名聲顯赫的人物。

(I)柿子……個性保守，與人交往謹言慎行，能體讓長輩的心情，思想樸素，節儉不浪費之勤奮型人物，擁有儲蓄財富的特質。不會只顧及眼前的利益，會放眼將來。是做事按部就班、努力誠實的人。

(J)木瓜……非常有個性、討厭一成不變，期待與衆不同的作爲。追求刺激、緊張的生活。討厭被束縛在框框裡，想法獨特，與人交往積極，只是耐力不足，遇挫折容易灰心喪志是其缺點，做事常只有三分鐘熱度，值得注意。

（K）鳳梨……是熱情家，經常爲某種事情而懷抱著熱情的夢想，喜愛刺激、變化，不論任何事都卯足勁、拼命去做。擁有積極的個性，厭惡固定的生活方式。好惡分明，經常以第一印象來決定好惡。想做的事縱然遭到反對，亦義無反顧、不願放棄。

7

以時裝的偏好判斷性格

81 以喜歡的顏色看性格

對色的喜好，因人而異。有人喜歡紅色的車，有人偏愛灰色的車。也就是說，對顏色的偏好，會因個性而各有不同，從喜歡的顏色中，不難窺探出其性格。努力剖析顏色與性格之關聯的德國心理學家路歇爾先生，將人的性格分爲基本的「紅」「黃」「藍」「綠」等四個種類，只要知道顏色的喜好，就能了解其人的日常行動，與心中的期待。

關西演藝界怪才橫山安先生對「綠色」情有獨鍾，正常穿的夾克、毛衣等泰半都是綠色，特別是淺綠色。「淺綠色」予人明朗的感覺，而喜愛綠色的人，更是重視人情義理、長幼有序、恩情大義的人。心中有燃燒的熱情與冒險心，但可惜無法巧妙的發揮出來。因此與其杞人憂天，不如重視眼前之利。

在電視螢光幕前，直接發表自己的想法，結果引起軒然大波的安先生，是屬於有自己的思想和道德，並勇於行動的人。

明白安先生的想法與性格之後，也就可以允分了解其言行了。喜歡綠色的男性，所欣賞的女性，也不拘泥於漂亮的外表，與美好的身材，只要個性爽朗、柔順聽話，就能得其歡心。

(A) 喜愛紅色的人

外向型之樂天派者。不會爲細微小事而焦慮、擔憂。但對感情表達很直接，喜怒均形於色。認爲坐而言不如起而行之現代型人物，歡風光的事物。

(B) **喜愛白色的人**

擅於僞裝自己的感情，不會將之表露在外。嚴以待人而寬以待己。看似柔順，其實內心冥頑不屈。喜歡讓女性穿這種顏色的服飾，是對以往的女性失望的人。

(C) **喜歡綠色的人**

現實型、對愛情細膩、社會性優異的人。重視長幼有序與人情義理。思想也相當保守。

(D) **喜愛藍色的人**

內向型之幻想家。容易胡思亂想而不知所措。比起物質與金錢，更重視心理的滿足感。對異性容易一見鍾情，卻經常被始亂終棄。過於天真幼稚，有時會一敗塗地，極需別人伸出援手。

(E) **喜愛黃色的人**

有行動力和冒險心，對現狀不能滿足之典型。自己決定之事，雖千萬人吾往矣。具有理想，但爲經常不能滿足而煩惱。與他人時有衝突，值得注意。

(F) **喜愛紫色的人**

藝術家典型，追求有個性的事物。討厭平凡的事，喜歡引人注目。容易厭倦在同一個地方生活。

(G) 喜歡粉紅色的人

對愛非常細膩，有同情心與體貼心。看見別人有難，會馬上伸出援手之博愛主義者。女性喜歡追求浪漫的氣氛。男性則容易發生婚外情，對性愛的期待強烈。

82 以服裝的偏好看性格

對洋裝的偏好，不僅可測知女性的性格，亦可判斷其婚姻觀。

一般說來，喜歡最流行服裝款式的女性，容易見異思遷，個性忽冷忽熱。對男性很隨便，很少能與男性持續交往。然而卻非常有順應性，無論做任何事，都能辦得乾淨俐落。是屬於有順應性、開放的、社交性的女性。

相形之下，跟不上服裝潮流，衣著樸素的女性，容易封閉自己。人際關係稍顯偏激。有自己的生活方式及格調。具有強烈的自尊，也有一意孤行的一面。與他人尤其男人不能坦誠交往。

至於女性服裝所表露的性格與婚姻觀，詳見下列的介紹。

(A) 迷你洋裝的女性

對自己可愛的氣質頗具自信。有一點做作和孩子氣，知道自己的魅力，是引起男性注意的最佳方法。對自己腿部線條充滿信心，但與男性的交往經驗還算淺，對於結婚一事從未認真考慮。

(B) 襯衫型的女性

不太表現自己，但關心婚姻，會用相親方式來決定結婚對象。

對愛情並沒有更深一層了解的心情，不是個可以攜手同遊的理想情人，但結婚後是賢妻良母型。

(C) 長褲型女性

工作、經濟上皆能獨立的女性。適合從事服裝設計師、寶石設計師、詩詞家、音樂家等。不太想結婚，討厭受到家庭的束縛。

對性愛想和男性有平等的立場來享受。做爲遊樂的對象是不錯，但要求男性必須有相等的知性與經濟能力。

(D) 褲裙型女性

是走在流行尖端的女性。能力比一般的人强。有優秀的男性出現，會立刻吸引她的目光，卻很少能和一個男性做長久性的交往。具有女性獨特的敏銳度。做爲約會時對象是最佳的人選。

(E) 長裙型女性

屬於自信家。對於自己的身材充滿信心。對男性不關心，反之只對同性有好感。具備相當的美感與性感。或許是若即若離的距離感，反而使男性拜倒在石榴裙下。目前環境狀況不錯，但將來若在經濟上有困難時，將會窘態畢露，生活力不强，做爲結婚對象有待考慮。

83 男性對鞋子的偏好與性格

有一本『男性心理學』曾經說過，看了男性穿的鞋子，可以知道他目前的生活、具有何種性格，以及心中有什麼願望等。在企業界，所穿的鞋子甚至代表了社會信用。

(A) 黑色、傳統繫鞋帶型

最標準型，生活保守不勉强。行動總考慮與大家一致。但偶而亦有頑固不妥協之處。有正義感、律人律己均嚴。

(B) 茶色、傳統繫鞋帶型

心裡藏有打破傳統、從事新事物的願望，可惜不易實行。外表看似溫馴，其實十分叛逆。

(C) 附金邊黑短靴、無鞋帶型

喜歡高級事物之改革型人物，想提高生活品質之意願强，對於金錢、地位、名譽的追求慾亦强。關心異性，有時會採取羅曼蒂克的行動來追求。鞋子的金色附屬品越多者，對高級事物的憧憬越强烈。

(D) **網狀鞋型**

金錢概念敏鋭、對金錢調度亦佳。對平凡事物不會滿足。喜歡高級事物、討厭受人指揮。這種男性，除了鞋子之外，其他物品亦喜歡用舶來品。最喜愛用法國製品，例如「史帝安諾．克莉安」等一流製品。

(E) **白鞋型**

與形狀無關，夏天喜歡穿白鞋的人很多。但除了夏天之外也喜歡穿白鞋的人，自我表現慾强、喜歡引人注目。

做老闆的欲望强，喜歡在人前表現自己的能力。一般説來，這種類型的人，講話唇槍舌劍，很容易傷害他人，因此易遭反感。

(F) **長統靴鞋**

喜歡穿長統靴的人，以自由業以及與時裝有關的人居多。其中以馬蘭帝諾的長統靴最具盛名。一般的事物不能滿足他，喜歡追求流行，品味很高。

(G) **鹿皮鞋面鞋**

會選擇單純好穿、活動方便的鹿皮鞋，多是從事大衆傳播或廣告工作的人。不喜歡被設限，喜歡自由的創作，不喜歡技術性的工作與生活。

(H) 白色或藍色的運動鞋

愛穿運動鞋的人，泰半是喜歡網球、慢跑等運動的人。除了學生與年輕人，一般人在工作場所，比較不喜歡穿運動鞋，因爲可能與周圍的人顯得格格不入，而有被孤立的感覺。

(I) 注重團體平衡感之鞋

要訪問一家公司，想先初步了解公司時，據説有一個方法，就是比較該公司職員的鞋子款式。如果大家穿的衣服和鞋子的顏色與款式相同的話，這一定是家重視傳統的大型企業。反之，新的公司，或是年輕領導者的世界，大家在公司穿的鞋子就不盡相同，也無統一性。

84 女性對鞋子的偏好與性愛觀

和男性相比，女性的鞋子種類繁多，女性對鞋子的偏好也就不一而足。據説女性一遇到挫折，就會想買鞋子，對女性來説，鞋子和性有很深的關連，從鞋子的顏色可以看出女性的性愛觀。

(A) 紅鞋子

對自己的腳深具信心。雖然自信滿滿，但稚氣未脱。

對性愛有貪婪的傾向，並要求男性服務。非常性感，但本身意志力不堅强。對男性來講，是很難應付的女性。

以自我為中心，尤其和對方有了性關係之後，有獨占的傾向，並且毫不通融。對她來說，肉體是最重要的財產，被對方擁有之後，也要求對方付出相同的代價。可是意外的，結婚之後則變成賢妻良母，亦有其可愛之處。

(B) **綠鞋子**

個性坦率、不善壓抑感情。是很可愛的女性，但個性保守。找尋平凡的男性。對性的道德守舊，不容易成為性愛朋友，想要說服必須花費時間。

因對性愛淡泊、壓抑，因此要懂得性愛高潮，必須花一段時間。初期說是喜歡性愛，不如說是喜愛性愛的氣氛。性感覺豐富，性器官觸感亦佳，花時間慢慢引導，會成為一個快樂的女性。

85 以泳裝的顏色和形狀，決定女性攻略法

將女性泳裝的款式，與平常穿的服裝做比較，有時會發現一些有趣的現象。平常慣於隱藏自己的女性，往往可以從泳裝來窺測其內心世界。從女性穿著泳裝的模樣，可以知道真正的須求，與對異性的關心度。

例如，平常穿著樸素的女子，在海灘突然穿起流行、單色的泳衣，這種女性在心中有冒

險的慾望。希望獲得男性的邀約，有放膽冒險的決心，對這樣的女性，約她喝茶，百分之百能成功。

觀察泳衣，可從泳衣的顏色和形狀兩方面來判斷。我們先從顏色來看，普通服裝即使與泳裝顏色相同，仍具有不同的涵意。

(A) 穿白色泳衣的女性

對身材很有自信。在學生時代不乏被男性追求的經驗，容易沈醉在美麗的回憶中。

(B) 穿黑色泳衣的女性

具有奇特的性格，自己也意識到這點，並且特意表現與衆不同的姿色。若以普通的方式追求這種女性，會遭受嚴重的打擊，這點必須要注意。

(C) 穿藍色泳衣的女性

不喜歡自我表現，在團體中不易引人注意。尤其穿藍色洋裝型泳衣者，對異性的關心也淡薄。

(D) 穿黃色泳衣的女性

對男性非常關心，並且有欲求不滿的狀態。在海邊想接近女性，目標向著穿黃色泳裝的女性，成功機會相當多。

(E) 穿水珠花色泳衣的女性

對男性充滿了誘惑，花花公子不可能視而不見，充塞著邀請她的心情。尤其穿著黃色水珠式的泳衣，在團體中穿著最華麗，接近她成功率很高。

接著，我們來看看泳衣的款式。

(1) **比基尼**

對自己的身材，尤其胸部充滿了信心。這種女性因對自己的身材很有自信，因此對男性的選擇也很清楚，沒有性魅力者，她均不予理睬，泰半以第一印象來評價男性。

(2) **洋裝式**

對自己的身材沒有自信，但對五官、腿部線條很有信心。對這種女性誇獎她的臉和腿，就能很順利的接近。

尤其是穿水珠洋裝式泳衣的女性，是屬於浪漫型，雖和對方陷於熱戀，卻無膽量再進一步。對男性來說，是比較難處理的類型。然而一旦發生了性愛關係，就非結婚不可，是具有道德觀的女性。

(3) **二截式**

這是對自己的臀部、胸部有信心者所穿著的泳裝。要穿這種泳裝也最困難。這種女性多半是自信家，尤其臉比一般女性美麗，多誇讚她，博取好感，效果頗大。在團體中若只有一個女性穿這種兩截式泳裝，接近的機會很大，因爲可能會造成女性同伴敬而遠之的待遇。反之，若只有一個女性穿洋裝式泳衣，也有相同的情形，因爲不能和同伴融洽而落單。遇到這種情況，和她寒喧，提起她的精神吧！

(4) **改良式洋裝（露出肚臍）**

對自己的模樣沒有信心，但內心想讓周圍的人，發覺自己的魅力。這種女性有不認輸的性格，常常誇示自己的職業、家世和學歷來提昇自己。

86 喜愛的顏色和金錢觀

從喜歡的泳衣的顏色、款式，可以窺知一個人的性格，和一個人潛在的心裡願望。但從泳衣顏色的偏好，也意外的能夠測知其人的生活態度，以及金錢觀，一般說來，有以下的情形。

(A) **紅色泳衣……**

個性開朗，對金錢不計較，也不認真考慮。當用則用，當賺則賺，非常瀟灑不拘泥。有社交性、以自我爲中心，生活的信念是，不自由毋寧死。對戀愛非常積極，不喜歡受人擺佈，是被年輕男性依靠的典型。還有不愛者糾纏不休，喜歡的人卻不理不睬的煩惱。

(B) **黃色泳衣……**

與其訂立目標，按部就班賺錢，不如利用特殊的技術，伶俐的手腳來賺錢。擁有越遠大的目標，越有幹勁。賭博心强的樂天家，在未有金錢困擾之前，從不去煩惱。

(C) 藍色泳衣……

認爲精神比金錢來得重要，討厭銅臭味。但請客卻又大肆舖張，常因過於虛榮而一敗塗地。沒有賺錢來儲蓄的觀念，金錢亦委託他人管理。但愛情卻比別人濃烈。

(D) 白色泳衣……

平常關心的、心裡所想的都相當豪華，不耐平凡。表面上對金錢很堅定，但經常一擲千金，把錢花費在奇怪之處，稍顯奢侈浪費。這種女性自信心强，對自己所愛的人不輕易表露心聲，是對自己的身材和美麗深具信心的人。

(E) 黑色泳衣……

這是過去學生式的泳衣款式，樸素不引人注目，反之，卻有想引人注意之企圖，有著兩種極端的性格。

對金錢謹愼規劃，不隨便浪費，會在被附予的範圍内縮減開銷生活。但若遇到好的丈夫、好好指導，能立刻過著安定的生活。

(F) 紫色泳衣……

討厭平凡的事物，尤其對美有優異的感覺。金錢的使用方法與衆不同，當用時，花再多錢也不心疼，不當用時，節省樸素。如果能習得一技之長，有賺大錢的機會。

87 根據興趣來判斷性格

據說隨著工作的進昇，興趣和娛樂會產生變化。年輕時對運動有興趣者，若變成大富翁、或隨著平步青雲的進昇，會改變成對庭院、石頭、茶器、骨董等產生興趣。

(A) **高爾夫……**

擁有自己的公司、被周圍的人肯定，具備一定的身份地位，並且對進昇懷有憧憬。再者，一上場立刻讓對方幾桿，是對自己的技術相當有信心，或者最近進步良多者。也非常盼望對方能問問自己讓的桿，自負的心情甚為强烈。

(B) **只喜歡睡眠、其他興趣……**

這樣作答的人，是對工作過分熱心，向對方說明的意願非常强烈。與人交往易偏頗，朋友少，强烈的憧憬著有談話的知己，一起旅行的伙伴。

(C) **釣魚……**

內向型，深信「按部就班，必定有成果」，是做事努力認真的人。

(D) **收集郵票、銅幣等……**

常是少年時代環境優渥的人。也有人是受父親的影響。不斷轉職者多，追求夢想之浪漫派者，厭惡受人使用。

(E) **魔術**……

在人前演講，或周圍有人喝采，容易感到喜悅者，被委託常不能拒絕。

(F) **八厘米電影、攝影**……

有此嗜好者，做事有耐心，但不能坦然接受別人的批評，在團體中行動較差。

(G) **歌謠、技能、插花、書法**……

安靜、有禮貌，但予人冷淡的感覺。不能與人開懷暢談，與人多有隔閡。

(H) **棒球、足球、一般運動**……

擅於與人交往，但容易動怒。熱心團體公益，容易與其一見如故成爲朋友。擅於團體活動、會自動擔任種種雜務工作。只是計劃力與思考力不足，是「管他什麼事，做了再說」的實踐主義者。

(I) **圍棋、象棋、趣味問答、閱讀**……

重視前輩，對自己的母校有歸屬感及同伴意識。適合用頭腦的職業，可以看出對方的心意，對自己的將來非常關心、研究心旺盛。

只是不擅於處理異性的問題。

88 以香煙的偏好探知性格

根據香煙來分析性格，最容易了解。另外看香煙牌名、喜歡抽什麼牌的香煙，都能做性格的分析與判斷。近年來香煙的銷售排行是，第一淡七星（mild seven），第二七星牌（seven stors）第三高登牌（high light），第四船室牌（cabin），第五短希望牌（short hope）。

(A) **溫和淡七星……**

以現代的企業人來說，是最一般的情形，雖然重視自己的夢和理想，但也不忘聽取別人的意見。他的時裝和興趣均能巧妙的融合於日常生活中。擅於過生活，只是有一點讓人感到不足之處，就是其人和抽的香煙牌名相同，淡而無味。

(B) **七星……**

是普通平凡的領薪階級者，假日亦埋首在自己的興趣上。一改在公司平凡的形象。對音樂和時裝頗有研究。

(C) **高登……**

從事安定、活躍、常識型的工作。有順應力，對新的事物，能以自己的觀念來配合。會採納旁人的意見再行動，因此做事糾紛少。也是非常重視自己理想的類型。

(D) 船室……

是可靠的人物。誠實、努力是其座右銘。受到部屬和同事的信賴，將來進昇的機會大。按部就班、貫徹始終其做事的信條，不隨便浪費，無論什麼事都以堅忍爲口號。

(E) 短希望……

理想高、目標大、有幹勁的人，會積極接受新的事物。在公司是屬於精華型人物。但若從事自由業亦能成功。是發揮創意高手。擅於掌握時機，而達到自我成長。

(F) 進口香煙……

年輕人喜歡抽進口香煙，泰半是想表露自己已經成熟的樣子。對未知的將來充滿憧憬，可能會特別虛榮，對其行動應特別注意。女性若喜歡進口香煙的話，稍有歇斯底理的狀態，對性愛的關心度亦高。

89 以抽煙的方式測知性格

開始抽香煙時，苦思怎麼抽才好看，照著鏡子研究拿法、抽法，我想凡是抽過香煙的人，都有這種經驗吧！但是不久後抽煙逐漸日常化，姿勢也自然起來了，不妨從中來觀察其人之性格。

(A) 煙灰長仍繼續抽者

經常以這種抽煙方式的人，是喪失信心、自卑感很重的人。但是做事有良心，絕不會作奸犯科。

(B) 咬著香煙一端者

具有自虐的個性，在任何的團體中，若發生比較不好的事件，容易引以爲疚，有道德心，但容易矯枉過正，妨礙了自己進昇的機會。在性方面，有自慰的習慣。

(C) 香煙會濕者

心情不穩定、忽冷忽熱。經常因女性而發生爭執。

(D) 夾在嘴唇工作者

所謂工作狂之類型，個性猛烈，只要是自己的能力未被肯定，就會猛烈反彈，或消極沮喪。

(E) 香煙抽到吸口者

心機深，經常對人疑神疑鬼，不易表露本心之孤獨型。從思考到實行，必須花相當長的時間，經常錯失良機。

(F) 不斷改變吸口位置，又不停的吸

容易動怒，對人的好惡激烈，會因不斷換工作而成功的類型。

(G) 口邊叼煙，臉稍往上的抽煙

對自己的工作有絕對的信心。會專注於一件工作，而終成專家。但因過分自信，而遭同事排斥。如果遇到一些挫敗或糾紛，也能一一克服，具有鬥志與能力，前途看好。

(H) **拇指伸直，貼在下巴吸**

具有男子氣概，不服輸的個性。有勁敵出現時，更會燃起工作雄心，將來進昇性高，是重要幹部型。又會因工作而成爲專家，或自創公司。

(I) **香煙向下，嘴唇緊貼著吸**

不太引人注目，安定型、順應性高的人。平凡、平順、不太引人注目，亦不會有失敗。屬於白手起家的類型。可謂大器晚成，只是自己專心於某事的幹勁不足。

(J) **將煙從鼻孔噴出，從嘴巴的兩邊冒出**

對工作容易見異思遷，身體狀況亦不穩定，做事總貪圖一蹴可幾，不能專心，挫折多、煩惱也多。

90 從熄滅香煙的方法窺探性格

根據法國動作心理專家提出，熄滅香煙的方法，可以表露出其心理狀態。這是因欲望滿足後的處理方法，最能反映出性格的原因吧！讓我們來看看兩者的關係。

(A) **放在煙灰缸、任煙灰飛揚**

自我本位、個性懶散。受人委託，也不會依照對方的期望來實行。金錢用度無方，而且常因情緒變化大而遭人唾棄。又是丢三落四、漫不經心之糊塗蟲典型。

(B) **壓上端使其熄滅**

是遭遇挫折的動作之一。充滿精力，卻無法善加處理自己的焦慮。但對工作有始有終、很積極、絶不會半途而廢，很得上司之信賴。

(C) **輕拍使其熄滅**

做事慎重、會專心聆聽對方說話、人際關係亦很溫和。但卻無法巧妙表達自己的意見，這是一大缺點，雖然個性優柔寡斷，但因善待部屬，而具有成爲領導者的特質。

(D) **丢在煙灰缸，又不放心，最後用水澆熄**

神經質又勞碌命的人，因過分猜忌他人而蒙受損失。若夫妻吵架，會整日陷入不愉快的情緒中。

8

檢查男性（man checking）看出潛在心理

能夠讀出深藏在人類心底神秘的技法，稱為「投映法」。根據「投映法」分析人類深層心理來進行種種的研究。讓受試者觀看類似墨水污點圖形的診斷稱為「羅沙哈測驗」。利用精神症的診斷方式，是用照片來診斷，而「sonde」為最普遍化。

下面就介紹可以閱讀人類心理的簡單診斷方法，以及調查、分析結果的「檢查男性」。

91 社交性與異性關心度的測驗

據說在工作上能否進昇，關鍵在於其人之社交狀況。能夠妥善處理人際關係的人，就能提高工作之信賴度，也是成功的必要條件。

僅僅三、四年間，即募集了三千億日幣的龐大資金，但最後卻落得悲劇下場的豐田商事董事長永野一男先生，性格上不擅於社交，尤其在人前更是不擅詞令之類型。

有人說，將自己與別人相比，是否比他人差，若是覺得自卑，那麼自卑會使他一生走向崎嶇的道路。

* * *

這裡準備了三根火柴。

首先將兩根火柴以一八四頁的方式排好，仔細看這兩根火柴，再將剩下的一根火柴，放在你最喜歡的位置。根據放置的位置，可以測知其人的社交性與對異性之關心度。

如果你要放這根火柴，你會放在什麼位置呢？在各種圖形中，選擇你喜歡的位置吧！兩根火柴象徵兩個人，而剩下的一根即代表你自己。在那兩人之間有何關連，是了解的關鍵。

Ⓐ圖的人……把兩根火柴連在一起的人，具有很强的社交性，開誠佈公與人交往，與誰都能融洽相處，對異性非常有興趣，如果有了親密關係之後，就想將對方據爲己有，是擅於交際之類型。知名的作曲家、電視演員中村泰士，做這個測驗時，立刻將火柴放在這個位置。

這種社交家，若與人約會，見面時會馬上伸出手與人寒暄，第二次再見面時，就將自己的手貼在對方腰部，表現一種親暱的情誼，和坦誠相交的態度。

Ⓑ圖的人……將火柴斜放在兩根火柴中間的人，不勉强與人交往之安全型。與對方交往思慮深、不善於社交、怕生。對異性喜好很清楚，第一印象不佳者，再也無法與之交往。

Ⓒ圖的人……放置在兩根火柴上面的人，支配慾與獨占慾均很强。常因爲過分頑固而遭人嫌棄。與異性交往，對方若不以自己爲中心，會感到强烈的不滿。

Ⓓ圖的人……將火柴横放在兩根火柴下面的人，愼重而消極，很容易成爲他人之犧牲品。不喜歡的事，也無意的接受，因而蒙受損失。如果是女性的話，對異性會無怨無悔的獻身服務，最後可能走上偏房的命運。

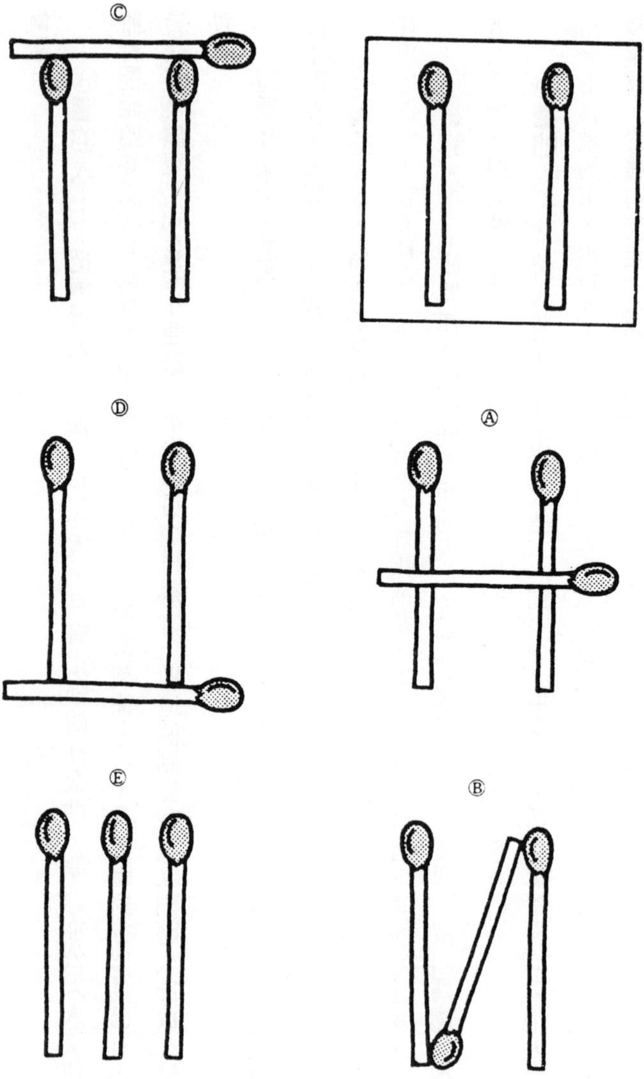

Ⓔ圖的人……這種三根並排的情況有兩種，排在兩根火柴外側的人，不干涉他人，不與人有瓜葛。你是你，我是我，壁壘分明。

而將剩下的一根火柴，放在兩根火柴中間的人，好奇心强、愛管閒事、有正義感。喜歡工作、與人交往。且好勝心强，經常與人意見不同，而引發爭論。在不知不覺中被氣氛所操縱，是其缺點。

名聞遐邇的關西藝人，年輕的希望之星「A11巨人、阪神的A11巨人」（人名），就是將火柴擺在這個位置。

湊巧在關西「三枝的爆笑脱口秀、我愛診所」中表演的A11巨人，也做了這種測驗。他說自己擁有婚外情，而養成沈默的習慣，太太非常不滿，希望他能說說話，更想激怒他。另外在工作上，有强烈不服輸的個性，具有這些特質的人，喜歡將另一根火柴，擺在兩根火柴中間。

92 角色測驗——異常願望度

次頁的一幢房子，是一幅未完成的圖畫，對這個家，若只能再加一筆，你會畫什麼？時間限制一分鐘。

(A) 畫門的人……異常度0

完全正常，但有潔癖。不喜歡奇怪的性愛，如果加以勉强，則會毛骨聳然、强烈抗拒。喜歡正常的愛，也要求對方給予正常的愛。

(B) 畫窗戶的人……一般型

是最普通的類型。對於奇怪的性愛没有興趣，也不會勉强去做，但若受到錄影帶的刺激，偶而也會嘗試一番。

(C) 畫煙囪的人……有一點異常

在內心某處，有追求與衆不同的願望。外表看似乖順，也能自我約束，但這種人好奇心很强，積極從事與衆不同的事物。對自慰很有興趣，甚至到了愛不釋手的狀況。

(D) 描畫其他之物……異常欲望型

討厭平凡、喜歡標新立異。欺人或被欺，精神都會亢奮異常。一般人能滿足的事物，均不能滿足他。其變態行爲將日益嚴重。

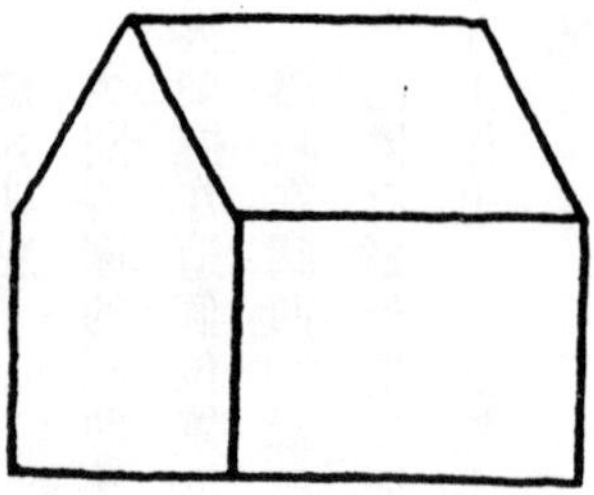

93 以描繪的臉形來判斷性格

一八八頁所畫的臉，是未完成的作品，根據以上未完成的部分，依照你的喜好來描繪看看。

像這樣茫然的描繪，我們在無意識中，女人會畫男人的臉，而男性會畫女性的臉。尤其已進入社會，成熟的男女，在不知不覺中，都會畫出異性的臉來。一般說來，描繪異性的臉的人，對異性的期待多。對男女的交往，更具有積極的期待。女性若已經到了適婚年齡，在描繪臉部測驗中，會不知不覺畫出男性的臉。

描繪與自己同性的臉時，表示對同性比較關心。對性有警戒心，或對男性失望，亦或正值失戀期。又如果描繪的臉與自己相似時，是對自己非常有信心的人，不僅對自己的美，也對自己的知識深具信心。

描繪臉部時，出現的若是英俊、美麗型的人，性格是開放、明朗的樂天派，人品好、有社交性。

反之，把臉畫得很難看，或故意畫成壞人、憤怒的形狀者，是神經質、性格內向的人。因爲喜歡挖苦人，所以與人交往不很順利，可以說沒有社交性。

描繪臉部時，若特別注意「鼻子」，可以對其人的興趣和期待，有某種程度的了解。女性在畫鼻子時，往往畫得比較小，或省略性的畫個鑰匙型。男性則反之，畫得比較大。而女性若把鼻子畫得大大的（尤其是已婚者），是對丈夫性的不滿的表示，可能有難言之隱。

又，畫鼻子時，把鼻孔畫得很醒目的人，性喜好鬥、叛逆心強。經常和丈夫起干戈，或交際中擅與人爭論的女性，也喜歡把鼻孔畫得很大。

男性若將鼻子塗黑，或過於仔細的描繪鼻形，是對性感到自卑者。又，男性把鼻子畫得很小，或省略性的勾勒，其性格中，具有女性的溫柔面。認爲與其積極追求的女性，不如讓女性自動來愛自己。

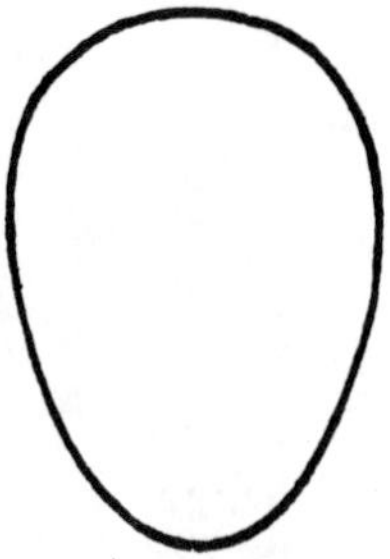

爲什麼說描繪鼻子的形狀大小，可以測知其人對性的期望，有種種的說法不一而足。鼻子的形狀，會讓人連想到男性的性器官，這是屬於佛洛依德派。而東洋人的相術，自古以來，也將鼻子與性做有關的連想。

鼻子的形狀、大小、隨著年齡的增長，會有所變化，尤其是性的發育，在十二、三歲左右變化最大。女性的鼻子，比男性的鼻子早些發育，而在性方面，女性也比男性有更早成熟之傾向。

94　你的經濟觀念測驗

〈測驗〉

走進外國的古董店，覺得每件物品都很不錯，但特別中意圖中這五件東西，如果是你，你第一件想得到的是那一個？

8 檢查男性（man checking）看出潛在心理

④

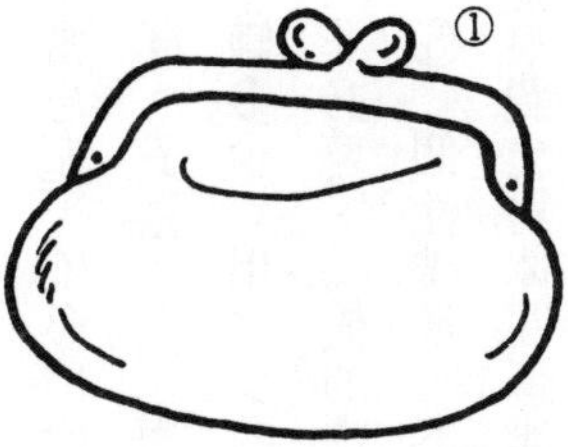

①

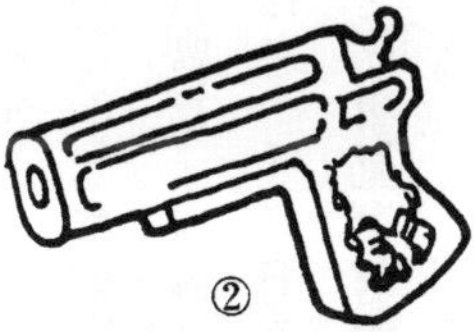

②

⑤

③

〈診斷〉

①經濟觀念發達，並且擅於儲蓄。看來並不特別節省，卻不知不覺荷包豐厚起來。擅於使用金錢，不會浪費。但若必要時，會一擲千金，讓周圍的人大吃一驚，擁有這樣的胸襟。能夠享受健康的活動，而經常保持年輕的人。

②個性强，但是個可靠的人。對金錢的感覺敏銳，並深具賺錢的才能，與其按部就班的賺錢，不如採取冒險性的賺錢方式。在股票、期貨、大家樂等方面有賺大錢的機運，但反之也必須花費很多雜費。興趣廣泛。如果肯用心在儲蓄方面，財產會如滾雪球一般。

③享受性愛，屬於浪漫派。感到金錢的重要性時，會很吝嗇。常常掉錢包，借錢給人也常常忘記，不會積極賺錢，也不擅於理財，泰半委任他人。

④其觀念是，與其儲蓄金錢，不如拿來活用。發現喜歡的東西，在未買之前會坐立不安。賺多少、用多少的類型。感官豐富，喜歡買昂貴的東西。又因虛榮心做祟，甚至借錢買一些非必要、高價的物品，有浪費之癖性。但善用感官工作，一些金錢運勢也不錯。

⑤個性樸素、不引人注目，做事勤奮努力。比他人更了解金錢的重要性。努力節約、不會浪費、對休閒毫無興趣。

但雖然重視金錢，卻意外失去許多賺錢的機會。有時候因過於節約，買了廉價物品，卻反而蒙受損失，應盡量活用金錢，免得變成人人眼中的吝嗇鬼。

95 忠誠度測驗

〈測驗1〉在下列的徽章中，如果有一個是屬於你，請問你會選擇那一個？

〈測驗2〉經常光顧的餐廳，與店裡的經理已互相熟稔，但餐廳對面又新開一家餐廳，你會不會喜新厭舊，不再光顧舊的店鋪。

〈測驗3〉有人出言不遜罵你的好友，你會默不作聲嗎？

〈測驗4〉在國外有人毀謗自己的國家，你會挺身爲國家的名譽辯解嗎？

〈測驗5〉家族中若有人犯罪，你會袒護他嗎？

〈測驗6〉你會將自己的失敗，推卸給他人嗎？

〈測驗7〉你和家族與友人，是否保持親密的關係？

Ⓐ

Ⓑ

Ⓒ

〈測驗8〉朋友有困難向你周轉，你會毫不考慮的借給他嗎？

〈測驗9〉想想友人之優缺點，看看長處比短處多嗎？

〈測驗10〉你能不能遵守難以遵守的約定。

〈測驗11〉與人交往，你有差別待遇嗎？

〈測驗12〉已有情人，卻又和其他異性發生戀情嗎？

〈解說〉

測驗1……選擇Ⓐ和Ⓒ的人非常忠誠。選擇Ⓑ的人則對自己的長輩有忠誠之心。

Ⓐ、Ⓒ……10分。B……0分

測驗2～12……選擇的題號和下列相同者各得10分

答是……測驗4、5、7、8、9、11

答否……測驗2、3、6、10、12

90分以上……忠誠度特強，甚至可以封你一個傻瓜的綽號，不必那麼認真做的事，也拼命的做，最好能夠收斂一些，適可而止，因爲這樣的忠誠，不一定會獲得回報。

40～89分……合理的人。忠誠度普通，最好再誠實一點。

39分以下……一點都不會受到良心的呵責，爲了自己的利益而利用他人、驅使他人。

96 生活方式所表露的心理

四十歲是工作型

根據日本經濟新聞所進行的，日本人的生活意識調查，在生活上認爲重要之意識，常因年齡而有所不同。

〈認為重要的事之比例〉

	40歲	30歲	20歲	10歲
工作	73	71	69	63
家庭	63	67	66	53
休閒活動	26	34	67	63
社區活動	36	36	32	27

（單位%）

對休閒生活感到喜悅的比例、四十歲和二十歲完全不同。認爲沒有休閒的生活毫無意義的人，二十歲的比例占六成以上。四十歲是三成以下。男性多認爲工作、照顧家庭是當然之事。而工作適可而止，重視家庭者，則是從二十歲的觀念而來。

支撐人類生活最大的力量，是「自我實現」的欲求。如何尋求自己的定位，在探索的過程中，因世代的不同，也出現了種種不同的類型。

一九七九年八月，美國心理學家密契爾教授，在普林斯頓所舉行的心理學會議中，發表了現代人的生活款式，與消費價值觀的變化的研究報告。他表示，現代人有三種類型。對金錢節約的「自制型」；把自己往外推出之「外在志向型」；自己擁有豐富生活之「內在志向型」等三種。

在失業率高、物價上漲、經濟變動的社會裡，一般常會量入爲出，以備不時之需。刻意抑制「自我實現」的欲望的「自制型」的人也日益增多。對於很便宜的東西，仍然不易出手購買。最近在美國，這種「自制型」的消費者，約占一二%。

但是消費者中，大多是爲了自己而花錢的「內在志向型」，和爲了與人接觸的「外在志向型」。在日常生活中，使用金錢、購買物品泰半是這兩種類型。尤其在美國社會中，採取「外在志向型」生活方式者，約占七〇%，但這個傾向在不久的將來可能會有衰退的現象。而爲了充實自己內在生活的「內在志向型」則占了一八%。

「自制型」的兩種類型

「自制型」以四十歲的比例最高，如果再仔細分類，有種種的型態，但可分別爲兩大類。

(a)追從型

(b)達成型

在其中占主流的是「追從型」。追從型是在日常生活中尋找自己的夢想，與生活意義。想接近周遭的人，想從善如流，在被許可的範圍裡，享受自己的人生。對流行很敏感，卻不會過分强求，對於自己能過著一般性、保守性的生活而滿足。選擇時裝時，雖然已有成品，但認爲與其自己決定，不如參考時裝雜誌，或者接受店員的推薦。喜歡家庭式的購物，對於過去愛用的物品，具有一種「鄉愁味」般的感懷。

在美國約有三八%的人是這種類型。在百貨公司與超市中陳列的商品，與「追從型」的生活方式大致相同。

97 從星期與六顆星星所見之訪問的心理與時機

在人際關係中，時機可謂非常重要，時機若不恰當，有時會引起工作或磋商的失敗。何時打電話最適宜？何時作訪問最適宜，也是掌握運勢之最大因素。

根據星期的好運

在日常生活中，星期一到星期日，配合著工作的節奏，忙碌的情形會有所不同。

推銷家庭保險和股票的推銷員，很多都用電話與客户聯繫。但意外的，對打電話的時機卻漠不關心。例如，星期天早上八點打電話，這個時間對每個家庭都非常重要，可是不假思索、隨便打電話的人仍然很多。這樣一來，即無法掌握對方的心理，這樣的推銷員可說是不合格的，而一般說來有以下的狀況。

星期一……一週之始　在私生活也好、工作也好，都是意欲旺盛的時候，上午大多非常忙碌。除非很重要，或對其人有嚴重利害關係，要不然那個時候切勿打電話。但星期一的下午，可說是比較安全的時間，大部分的家庭主婦也都把自己的時間安排在這個時段。

星期二……意欲旺盛　積極工作的意欲旺盛，充滿鬥志，没什麼繁雜之事，心情清靜，是適合見面、接電話的時期。

星期三……注意事故　這一天常會發生判斷錯誤，遭遇挫折等事件，要特別注意。但這天與人共餐、交談、喝酒卻都能順利。

星期四……進展順利　商談出現轉機、締結大契約，重要協議均能付諸實行。

星期五……困難之日　必須仔細確認當日之計畫，若與人有約要留意時間，因爲遲到將喪失信用。

接著星期六與星期日，大家都有忙碌的活動，因此在星期五下午三時～五時工作必須做得到特別有效率。

吉日、凶日的判斷

幾乎沒有人會選擇凶日來結婚。在高級飯店舉行的結婚儀式，大多選擇黃道吉日。

根據一九五五年，文部省所進行的國民生活習慣調查，介意「吉凶日」的人，約占全國人民七成以上，而依年齡別加以調查如下：

年齡	介意	稍介意	不介意
29歲以下	三〇・五三	三九・八二	二八・八六
30～39歲	三一・九九	四四・五六	二三・一四
40～49歲	三三・三〇	四五・二〇	二〇・九八
50歲以上	三九・五〇	四二・八六	一七・六四

（單位%）

而介意吉凶日的人數，年年有增加的傾向。因此從事推銷活動的人，對深深影響日常生活的，所謂的「吉凶日」的迷信，千萬不可忽視。
根據文部省的調查，在日本人生活中，最受影響的事情，依其影響力的大小、照順序列記如下：

〈受影響之比例〉

第一位	吉凶日	七五·一五%
第二位	風水	七一·七三%
第三位	流年	六〇·六四%
第四位	運勢判斷	五六·五二%
第五位	人緣	五五·七六%

從這個調查數據，可以了解介意吉凶日的人爲數不少。又，結婚或者新事業開張，在十人當中，有八人會避開凶日，而選擇黃道吉日。市售的新年日曆，也都詳細記載了吉凶日，而更奇怪的是，日曆上若沒有記載吉凶日，可能就會乏人問津。

經驗老到的推銷員，對於訪問日之凶吉，也十分的注意。在推銷員手册上，均有詳載吉凶日。

但是完全不介意吉凶日的也大有其人。合理主義必須是現代生活的一切，因此對萬事皆不如意的人，介意吉凶日就變成無意義的事了。

同樣的，在美國從商者，有所忌諱的也不少。例如，衆所周知「雨天是凶兆」的迷信，有些人則信之不疑。因爲下雨天而取消搬家的比例高達五〇％，美國許多的貨運公司也因這個迷信，收益大受影響。

吉凶日之意義

影響日本人生活最深的「吉凶日」迷信，究竟有何歷史意義？有何根據呢？

現在將吉凶分成下列六個種類，把每日運勢加以判斷，就是所謂「六曜星」，這是在幕府時代末期，由中國流傳過來的。

先勝……急速之意，可許願、下午不佳。

友引……不論何事都無勝負，早晚吉、中午凶、喪事、凶。

先負……上午惡、正午佳、公家事情凶。

佛滅……大凶之日、萬事不宜。

大安……吉日、結婚、旅行凡事吉。

赤口……正午最佳、開市、動工不宜。

在這六曜星當中，與人們生活息息相關者，當屬大安與佛滅日，亦即吉凶日。因職業和地方不同而有種種的說法，可以說相當普及。

98　魅力度測驗

以下所假設的問題，從0分到4分自己計分看看。答「是」者得4分。答「否」者0分。自己做也好，讓友人計分也罷，都是十分有趣的測驗。

①精神和身體均處於健康狀態嗎？
②你的身材好嗎？
③具有個性嗎？
④時裝感覺好嗎？
⑤擅長詞令嗎？
⑥有幽默感嗎？
⑦與你一起的伙伴會快樂嗎？
⑧你舉止完美嗎？
⑨你對外表有信心嗎？
⑩你經常保持微笑嗎？
⑪你覺得你的微笑有魅力嗎？
⑫能將感謝的心情傳達予對方嗎？

⑬對他人的理解度如何？
⑭當個聆聽者，你的素質如何？
⑮和任何人都能親密、融洽嗎？
⑯玩樂時比較隨便？
⑰你善體人意嗎？
⑱朋友多嗎？
⑲友人對你親切嗎？
⑳你是團體中的領導者嗎？
㉑能夠感情坦直自然的表現嗎？
㉒不會以自我爲中心？
㉓你能寬容他人之傲慢或偏見嗎？
㉔你好動嗎？
㉕好奇心、學習心强嗎？

〈解說〉

24分以下……你計分是否嚴苛了一些？讓自己更具信心，就是使自己富有魅力的關鍵。

25分～44分……在平均之下，稍加改善，仍有可爲。
45分～54分……很平均，並非没有魅力，但魅力平平。
55分～74分……充滿魅力的人選。
75分以上……你真是深具魅力，是否高估了自己？

99 深解你心的測驗

在你的生日宴會上，從下列八位知名的作家，你可以招待其中三個。其次挑選一位坐在你的左側，可以測知性格與你相投的人。

川端康成、莊司薰、五木寬之、芥川龍之介、安德烈克、夏目漱石、森村桂、太宰治

選擇川端康成的人

你的感受性敏銳，憧憬美好的事物，並且經常保持年輕的人，厭惡污穢不正之事，有著純潔的心靈。不過，會躲在自己的象牙塔裡；容易發生孤立的危險。萬一感情被出賣，必須花很長的時間，才能重新站立起來。

選擇莊司薰的人

有幽默感、喜歡開玩笑。對別人的忠告以及規則嗤之以鼻，並將破壞規則之事視爲刺激，討厭被束縛，希望能擁有自由奔放的生活。

與誰都能融洽相處，順應能力優異，不論男女均有社交性，受人之託、忠人之事，不會推委、人際關係良好。

選擇五木寬之的人

具有獨特氣質的個性派人物，充滿了吸引力。冷靜、沈著，身旁經常圍繞著朋友，但能掌握你的心的人，尚未出現。在知己尚未出現之前，千萬注意，切勿介入醜聞中。

選擇芥川龍之介的人

充滿魅力又有智慧的人。有一點神經質，對事物的考慮稍顯過度。在夏天奔向海洋、活潑、健康，像個充滿吸引力的運動員，但可惜的是，他可以是個談得來的男朋友，卻不能成爲親密的戀人。與你投緣的人，大多是個擁抱孤獨，有哲學思想的青年。

選擇安德烈克的人

浪漫派、理想高、唯美主義者。並且是個迷人、氣質高雅的人。但自尊心過高，情緒化，過於敏感的性情可能導致彼此分手，若要珍惜這份情誼，你必須先主動打電話給他。

選擇夏目漱石的人

個性內向，和朋友相處無法表達心中的感情。甚至有時和人顯得格格不入，不過很難找到像你這麼誠實的人。開始邀約可能不會答應，但若能突破心防，則會有意想不到的收穫。

選擇森村桂的人

是充滿好奇心的活動家。想要做的事，無論多麼困難都要實行。夢和現實經常在心中合而爲一。這樣的你適合能與你一起在山上、海邊一起活動的，屬於運動員類型的男性，他能讓人心驚肉跳，並充滿了魅力，而使你萌生愛慕之情。

選擇太宰治的人

個性敏感、纖細，但容易流於幻想，遇到醜陋的現實會遲疑不前。有喜歡的人，也會想要逃避。但是不採取行動，幸運之神可不會翩然來臨，最好透過共同的興趣，尋找知己，可以製造更親密的關係。

〈附錄〉

人類觀測測驗1——野餐的内容可看出對金錢的願望

到郊外野餐，要帶什麼樣的飯糰？以下有四個種類，你不妨來選選看。

(A)梅干
(B)魚子
(C)柴魚
(D)海帶

〈解說〉

看了飯糰的内容，可測知一個人對金錢的願望。

(A) 梅干

選擇梅干的人是最一般的類型。做事不勉强，只想按部就班的工作與讀書，並且提高效率。金錢感覺是量入爲出型。

(B) 魚子

厭惡平凡的事物。對於想得到的東西，若失之交臂無法釋懷。在金錢方面，想用就用，

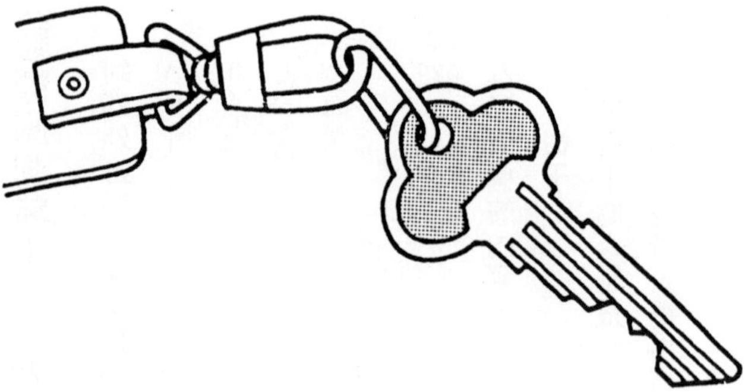

容易養成浪費的習慣。因此在購物時，必須謹慎爲要。

(C) 柴魚

不計較金錢的類型。覺得夠用即可，就算兩袖清風也無所謂。不重視金錢，只重視精神上的滿足感，容易受異性的歡迎。

(D) 海帶

重視人際關係，但容易疑心對方。有時候好不容易有賺錢的機會，卻因爲勇氣不足而喪失機會。但對研究、調查工作充滿著興趣。

人類觀察測驗2——從鑰匙的連想了解心理狀態

像上圖的鑰匙，掉落在路上，看了之後你會有何種連想。

(A)車子鑰匙

(B)房子鑰

(C)倉庫鑰匙

〈解說〉

從鑰匙的連想，可以窺視一個人日常生活的願望，也能知道你現在最關心之事。

(A) **車子的鑰匙**

你對車子的關心度很高，大概很想換新車吧！充滿了年輕的氣息，喜歡旅行，但有時候對遊樂充滿了不易滿足的情緒。

(B) **房子的鑰匙**

對家庭有相當的責任感。在可能的範圍內，希望能實現自己美麗的夢想。

(C) **倉庫的鑰匙**

對於金錢的欲望强，對賭博性的遊戲更是喜愛有加。但因過分貪婪，常會遭到周圍人的唾棄，這點必須多加注意。若請客時表現出大方的態度，可以改變人們的心理。

人類觀察測驗3——以手掌可測知其職業

下面有三種不同的手掌圖形，有的有厚繭，有的有傷痕，究竟他們都從事何種職業呢？

〈解說〉

手掌會因職業或工作而有點變形。工作時經常使用雙手，與普通人即有種種的不同。工作時如果經常接觸水，其手掌的皺紋少，手也比較白。另外，按摩師因為經常使用手指工

繭

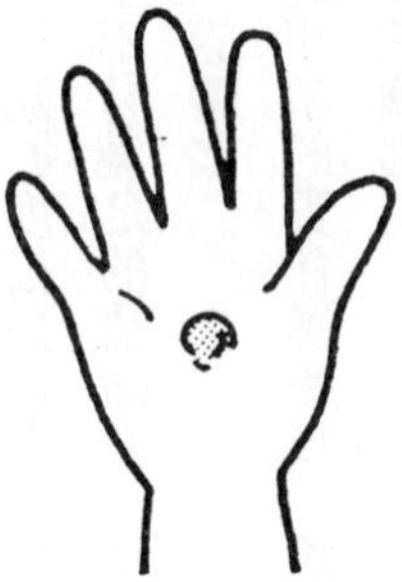

Ⓑ
手掌心長
有繭

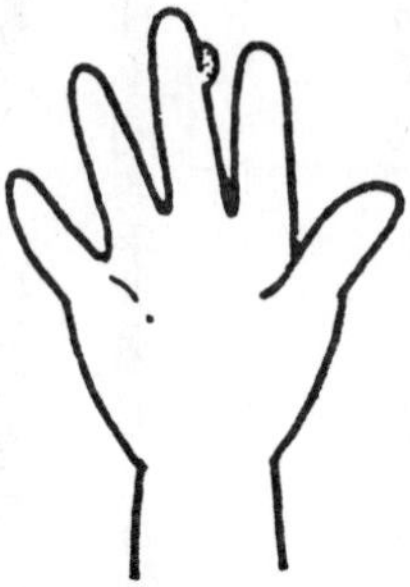

Ⓐ
中指接近食
指處長有繭

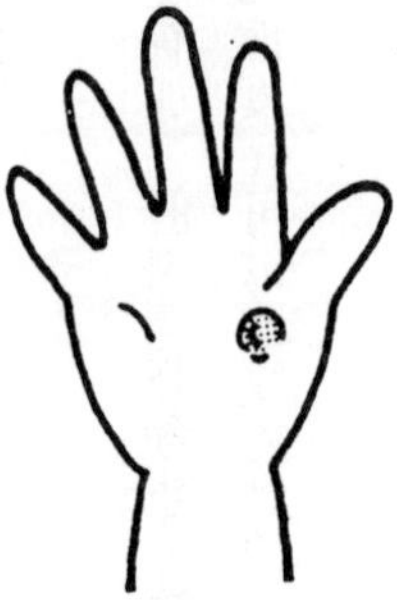

Ⓒ
拇指根部
長有繭

作，所以指尖比較粗，拇指亦然。

像圖Ⓐ，中指靠食指處，有厚繭出現，這是一般所謂的筆繭。經常用筆寫字的人，手指出現的繭比較大。作家、公務員、抄寫員等，此處必定長有厚繭。另外除了手指長繭，又沾有紅色污點的人，大多是從事會計有關的工作。再者，不但此處長繭，又會經常眨眼的人，多是設計師，或從事美術工作者，那是因爲經常在强烈的燈光下工作之故。

圖Ⓑ的手，大約在掌心處，有厚繭出現，多是常使用螺絲起子等工具的工作者，另外常使用錐子的人也有相同的情形。大部分是電氣工、土木等職業。

像圖Ⓒ，在拇指根部長有繭的人，多從事手部使力的工作，例如，常使用熨斗的洗衣店人員，或者洋裁業等。

人類觀察測驗4——以打電話的方法探知性格

在二一三頁有一插圖，圖中有一排公共電話，並有四個男性在打電話，究竟他們在和誰通話，並且用什麼心情打電話呢？

〈解說〉

打電話的表情五花八門。因爲看不見通話人，更容易清楚的表露出其人之性格與心情。

圖Ⓐ，態度過於謙卑有禮，看來非常客氣的樣子。這種情形表示出兩種狀況。第一，對方是長輩，或者是非常重要的場合。從其打扮得整齊，並且頭稍低的姿態，大概可以略知一二。

縱然通話的對方很重要，但看不見對方，舉止卻仍然拘謹有禮。這種謹慎規矩的動作，與其他三者比較起來，特別明顯。

另外，會以這種動作講電話的人，必定也與職業有關，平常與人交際頻繁，或者商人在接待客人時，也常有這種情形。

圖Ⓑ，背對著人，彷彿隱瞞著什麼事。若不是通話的對象很特殊，就是有某種秘密不欲人知。

圖Ⓓ，非常介意周遭的情況，幾乎用全身來掩蓋電話，並且用手將聽筒掩住，靠近嘴邊說話，雖然已不可能被別人聽到，但卻仍然表露出防備的姿態。

像這種情況，對方一定是相當迷人的女朋友或者戀人。

圖Ⓒ打電話的姿勢與Ⓓ截然不同，相當開放。如果還用手撫著電話線，表示正和對方「愉快的交談」。親密感提高時，則有傾向Ⓑ的動作。與電話機密貼，背向著人說話，表示雙方的感情已經很穩定，或正在約定約會的地點和時間，表現出非常認真的樣子。

至於Ⓒ，以其輕鬆隨意的態度看來，大概與自己的家人、妻子、或朋友通話居多。對方

Ⓒ

Ⓐ

Ⓓ

Ⓑ

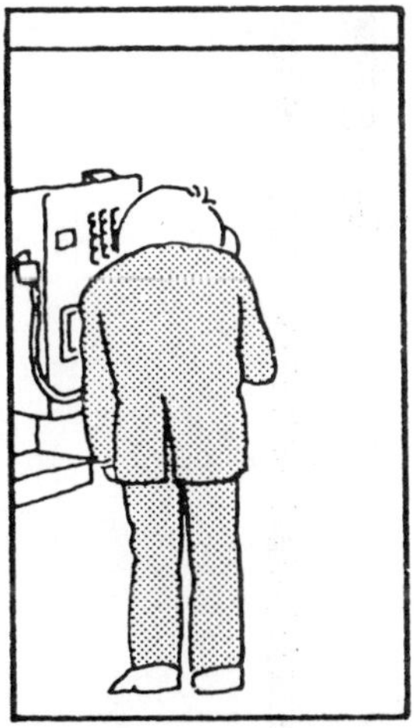

是親密的人，或年齡比自己小，因此在不知不覺中就放鬆心情。而臉朝外，正表示心情相當輕鬆。

人類觀察測驗5——以其繪畫嗜好看進昇度

如果予一男性繪畫的機會，他究竟會畫什麼樣的圖呢？下面的圖，請依直覺選出你喜歡的圖畫。

Ⓐ抽象畫
Ⓑ靜物畫
Ⓒ人物畫
Ⓓ風景畫

〈解說〉

繪畫的嗜好，與人的社會性和進昇度有關。一般說來，公司的董事長常會選擇風景畫和靜物畫。而女性依其繪畫嗜好，也可以看出她處理家計的能力。

・男性

選A圖的人……在一般公司無法發揮能力，並且對現狀不滿，是做什麼都不能滿足之反

Ⓒ

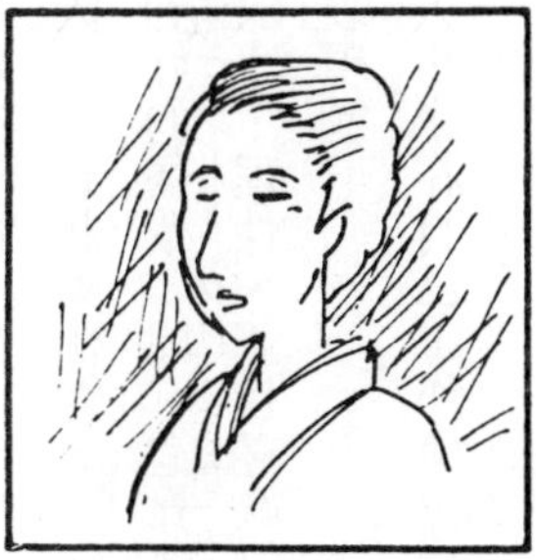

Ⓐ

Ⓓ

Ⓑ

體制型人物。比較適合自由業。

選B圖的人……看起來比實際年齡更老成，對工作、上司、長輩，具有保守的尊重態度，因此若遇到好的長輩，即有進昇機會。

選C圖的人……理性，並且喜歡與人群接觸，愛熱鬧，是社交性豐富的人，做推銷員會有極佳的成績表現。

選D圖的人……在自己工作崗位能夠伸展才能之安定型。很少有不滿心態、忍耐性强。

・女性

選A圖的人……不能滿足平凡的主婦生活，喜歡追求變化多端的生活形式。

選B圖的人……所謂賢妻良母之家庭式女性。不喜歡到處走動，只喜歡靜靜的在家裡整理家務。

選C圖的人……喜歡在家中開舞會招待客人，更喜歡熱鬧的生活，是屬於社交性女性。

選D圖的人……心情安定，具有成熟的韻味。

人類觀察測驗6——從電車行走的方向可了解其投緣性

乘坐電車時，你喜歡朝那個方向行走呢？首先我們先看次頁的插圖，如果是你，想想你會朝那個方向走？若在月台上遇到朋友，又會如何乘坐，都值得注意。

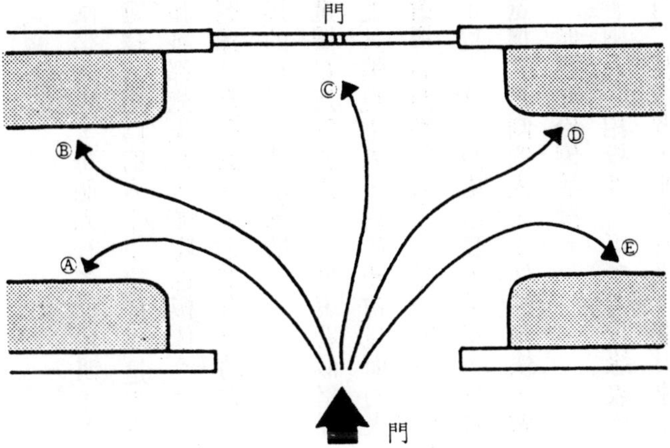

表4　投緣表

女＼男	A	B	C	D	E
A	◎	△	×	○	△
B	○	◎	×	△	×
C	×	×	◎	×	◎
D	△	○	△	◎	×
E	△	×	○	◎	△

〈解說〉

乘坐電車，每個人有各種習慣。大多數人都是向前行，但也有人會往後走。

選擇A方向的人……這種人是不介意細微小事的樂天派。能體諒，也能了解對方的心情，和誰都能親密，順應性極佳。

選擇B方向的人……富有行動力，對自己想得到之物，若不能立刻擁有即耿耿於懷。喜歡積極的行爲，活潑熱情。

選擇C方向的人……外表看似堅強、能幹、不認輸，但其實是極爲內向的人。做事不積極，尤其怕見生人，對於和初見面的人交談，感到困惑棘手。

選擇D方向的人……是一般型，做任何事都能適可而止、不會勉強。別人討厭的事，他絕口不提。能設身處地爲人著想，具有溫柔的氣質。

選擇E方向的人……個性謹慎，做事三思而後行，從不貿然行事、好惡分明。不僅具有美感，頭腦亦伶俐活潑。

看兩人之相投性，可參考投緣表（表4）

◎雙圈者，非常投緣，是很速配的一對。

○投緣，雖偶有口角，但心情一致。

△　兩人若願意互相幫忙、配合，即有佳訊。
×　極不投緣。

人類觀察測驗7——依拉吊環看投緣性

在客滿的電車中，環視周圍站著拉吊環的人，你會發現有各種不同的拉法，那麼你呢？你是何種拉法？

A　不拉吊環，只握住皮帶。
B　用四根手指拉住吊環。
C　用二根手指拉吊環。
D　以五根手指握緊吊環，並朝向窗户。
E　以五根手指握住吊環，但手橫向。

〈解說〉

吊環的拉法，男性可表現出男性氣概，女性則可表露出迷人的女人味。而越有女性氣質的人，越在意吊環的拉法。

選A的人……男性的話，泰半有高䠷身材，或者對「高」的事物感到驕傲。另外有點神

表5　投緣表

女＼男	A	B	C	D	E
A	△	×	○	×	◎
B	◎	×	△	○	×
C	○	×	△	◎	△
D	×	◎	△	×	△
E	△	○	○	×	◎

經質的人，也是這種拉法。還有一種握法，就是將手腕穿過吊環，再握住吊帶，這種類型的人，個性與興趣，都能表現出種種的創意，但缺點是做事只有三分鐘熱度、忽冷忽熱。

選B的人……這是女性的拉法，個性溫柔。如果是男人的話，具有女性的氣質。並有點神經質。經常表露出對人的體貼與溫柔。

選C的人……也是女性佔多數的拉法。做事積極、不認輸、社交性高。如果有自己喜歡的人，會採取積極的方式追求。男性的話，與人交往屬個性派，對自己的喜惡能夠清楚表達。

選D的人……男性居多，有耐力、有男子氣概之領導人物類型，是值得依賴的人。

越挫折、越痛苦，越能激起幹勁，是越挫越勇型。

選E的人……男女都有的拉法。有禮貌，做事一板一眼、非常認真、不勉強，是安全第一主義者。雖然看似冷淡，但意外的，容易愛上異性。

現在以表來看投緣度（表5）

◎　愛火猛烈燃燒，一見鍾情，相當匹配的一對。

○　努力配合，能夠互相幫助的人。

△　隨著時間會越來越順利。

×　開始順利，但逐漸顯出性格不合。

人類觀察測驗8——從拿杯子的方法，觀察性關心度

從女性喝咖啡或喝紅茶時，杯子的拿法，可以測知她對性的關心度，重點在於小指。

①用左手托著茶墊……雖有點關心，但在無意識中壓抑著。而一旦了解，即有深入的可能性。性關心度40分。

②用三根手指緊緊握住把手……以自我爲中心，並且保衛過度，不知道享受性愛。性關心度10分。

③用三根手指握住把手，但無名指、小指攤開……對性愛及外表都很重視。是喜歡美好

氣氛之類型。性關心度60分。

④**小指直直伸著**……外在表情、動作都很高尚，對性也很關心、性關心度80分。

⑤**小指平放杯底**……性經驗豐富，已經不會緊張，並可以從容不迫操縱男性。性關心度70分。

③用三根手指握住把手，但無名指、小指攤開

④小指直直伸著

⑤小指平放杯底

①用左手托著茶墊

②用三根手指緊緊握住把手

國家圖書館出版品預行編目資料

觀人術/淺野八郎著；陳永寬譯
—— 初版；—— 臺北市；大展，民84
面；　公分；——（社會人智囊；3）
譯自：人を讀む法·101の視點
ISBN 957－557－520－2（平裝）
1.人格心理學
173.7　　84004062

原書名：人を讀む法·101の視點
原著作者：淺野八郎©Hachiro Asano 1994
原出版者：PHP研究所
版權仲介：京王文化事業有限公司

觀人術

ISBN 957-557-520-2

原著者／淺野八郎
編譯者／陳永寬
發行人／蔡森明
出版者／大展出版社有限公司
社址／台北市北投區（石牌）致遠一路2段12巷1號
電話／（02）28236031·28236033·28233123
傳真／（02）28272069
郵政劃撥／0166955-1
E-mail／dah-jaan@ms9.tisnet.net.tw
登記證／局版臺業字第2171號
承印者／高星印刷品行
裝訂／日新裝訂所
排版者／宏益電腦排版有限公司
初版1刷／1995年（民84年）5月
初版2刷／2000年（民89年）7月

定價／200元

大展好書
好書大展